Ḍhola Gam̐vāra Sūdra Pasu Nārī
Ye Sab Tāḍana ke Adhikārī

ढोल गँवार सूद्र पसु नारी
ये सब ताड़न के अधिकारी

Real India Exploration Series, 1

Ḍhola Gam̐vāra Sūdra Pasu Nārī Ye Sab Tāḍana ke Adhikārī

Interpretation of Goswami Tulsidas

Editor

Bal Ram Singh

Institute of Advanced Sciences
Dartmouth, USA

PRINTWORLD
Publishers of Indian Traditions

ISBN: 978-81-246-1263-7

First edition published in 2022
Second revised edition published in 2024

Published by:
INADS Press
Institute of Advanced Sciences
86-410B, Faunce Corner Mall Road,
Dartmouth, MA 02747 (USA)
Phone: 508-999-1191
e-mail: inadspress@inads.org

and

D.K. Printworld (P) Ltd.
Regd. Office: *Vedaśrī*, F-395, Sudarshan Park
(Metro Station: ESI Hospital), New Delhi – 110015
Phones: (011) 4172 2626, 98713 94815
e-mail: indology@dkprintworld.com
Website: www.dkprintworld.com

Printed by: D.K. Printworld (P) Ltd., New Delhi

वास्तविक भारत अन्वेषण शृंखला, 1

ढोल गँवार सूद्र पसु नारी ये सब ताड़न के अधिकारी

में गोस्वामी तुलसीदासजी के गूढ़ भाव

सम्पादक

बलराम सिंह

Institute of Advanced Sciences
Dartmouth, USA

PRINTWORLD
Publishers of Indian Traditions

ISBN: 978-81-246-1263-7

First edition published in 2022
Second revised edition published in 2024

Published by:
INADS Press
Institute of Advanced Sciences
86-410B, Faunce Corner Mall Road,
Dartmouth, MA 02747 (USA)
Phone: 508-999-1191
e-mail: inadspress@inads.org

and

D.K. Printworld (P) Ltd.
Regd. Office: *Vedaśrī*, F-395, Sudarshan Park
(Metro Station: ESI Hospital), New Delhi – 110015
Phones: (011) 4172 2626, 98713 94815
e-mail: indology@dkprintworld.com
Website: www.dkprintworld.com

Printed by: D.K. Printworld (P) Ltd., New Delhi

प्राक्कथन

रामायण एक महाकाव्य है जो कि प्राचीनकाल की घटनाओं पर आधारित है। इसमें उल्लेखित ग्रहों और नक्षत्रों की स्थितियों के अनुसार यह माना जाता है कि रामायण की मुख्य घटनाएं लगभग १४,००० साल पुरानी हैं। यह स्वाभाविक है कि परिस्थितियां बदलती रही हैं, और उस कहानी की समीक्षा समय के साथ बदलती गई है। माना जाता है कि ३६० से अधिक रामायण के रूप प्रकाशित हैं। रामायण केवल भारत में ही नहीं और देशों में भी प्रचलित है, और अनुवादित भी है। विशेष रूप से इण्डोनेशिया एवं थाईलैण्ड के रामायण और रामलीला की चर्चा आती है, और कहीं-कहीं कहानी में भी कुछ अन्तर मिल जाता है।

रामायण की प्रासंगिकता सम्भवतः उसके सारगर्भित एवं सार्वभौमिक सिद्धान्तों के कारण से भी बनी रही है। आधुनिक काल में एक संस्था महर्षि महेश योगी द्वारा प्रेरित रही है – "ग्लोबल ट्रांससेण्डेण्टल मूवमेण्ट ग्रुप" के लीडर डॉ० टोनी नेडर ने एक वैश्विक बीड़ा उठाया है, और इस उपक्रम में रामराज्य की परिकल्पना का पूर्ण समावेश है। यहाँ तक कि उस संस्था में उन्हें राजा राम के पद पर माना जाता है। इस तरह से रामायण के सिद्धान्त एवं रीति और परम्परा पुनर्जीवन रूप में अग्रसित है। अतः यह आवश्यक है कि रामायण की कहानी का समुचित प्रचार-प्रसार हो। सम्पूर्ण जगत् में अनेक परेशानियां जन्म ले चुकी हैं। उनका निदान विभाजित समाज की

विघटन अवस्था में नहीं हो सकता। सम्पूर्ण विश्व को एक सूत्र में बाँधने की विधि का अभाव सा लग रहा है। ऐसे काल में रामकथा और उसका वास्तविक आशय मिलना अत्यन्त आवश्यक है।

महात्मा गाँधी ने सर्वप्रथम रामराज्य की परिकल्पना एवं उसकी व्यवस्था की परियोजना बनाई थी। वैसे तो उनकी मातृभाषा गुजराती थी, परन्तु हिन्दी के रूप में उनकी पहली भाषा रामचरितमानस की ही भाषा थी। वे किसी महाराज से रामचरितमानस सुना करते थे। सम्भवतः यह घटना उनकी राम के प्रति तथा रामराज्य की व्यवस्था के प्रति आकर्षण का कारण भी बनी हो। ऐतिहासिक काल के वो एकमात्र व्यक्ति हैं, जिन्होंने अपने अन्तकाल में "हे राम" का उच्चारण किया है। तुलसीदास ने लिखा है कि –

जनम जनम मुनि जतन कराहीं अंत राम कही अवे नाहीं।

अर्थात् यह एक दुर्लभ बात है कि आख़िरी समय पर राम का नाम जिह्वा पर आए।

ऐसी बातें तभी होती हैं जब व्यक्ति राम-भाव या रामत्व में रंग जाता है। उसके लिए आत्मभाव आना आवश्यक है। उसके लिए उस काल की सभ्यता व संस्कृति का ज्ञान एक महत्त्वपूर्ण भूमिका निभाता है। और वैसे तो इसके लिए उस काल में होना आवश्यक होता है। परन्तु वह तो असम्भव है, लेकिन वहाँ की मिट्टी में अभिभूत परम्पराओं के अवशेष कुछ तो आभास करा सकते हैं।

यह एक सर्वविदित तथ्य है कि संस्कृति, रीति-रिवाज़ भाषा में समाहित रहते हैं। जब कोई सभ्यता एक सम्बलित विश्वक्रम के रूप में उभरती है, और सुदूर समाज भी उसके मानकों को स्वीकार करने लगता है, तो उसकी भाषा भी स्वतः आयित हो जाती है। इस प्रक्रिया को आज अंग्रेज़ी भाषा के विश्व

स्तर प्रयोग में भी देख सकते हैं। लगभग विश्व की आधुनिककालीन प्रत्येक भाषा में अंग्रेज़ी शब्दों का प्रयोग मिल ही जाता है। इसलिए, चूँकि राम का काल जिसे रामराज्य के रूप में स्वीकार्य किया जाता रहा है, यह संस्कृति बहुत प्राचीन है। रामराज्य काल आधुनिक गणना के अनुसार १२,२०० ईसा पूर्व माना जा रहा है (Nilesh Oak, 2014, *The Historic Rama: Indian Civilization at the End of Pleistocene*, Amazon). वैसे भी इस मन्वन्तर युग के अधिष्ठाता, मनु एवं शतरूपा, कौशल राज्य के ही माने जाते हैं, जिसकी राजधानी अयोध्या रही है। अतः अवधी भाषा या इसका पूर्व रूप ही सम्पूर्ण जगत् की सांस्कृतिक जननी मानी जाएगी।

इसलिए, यह सर्वथा सम्भव है कि अयोध्या में प्रचलित भाषा, जिसे अवधी के नाम से जाना जाता रहा है, का प्रभाव और भाषाओं एवं संस्कृतियों पर भी पड़ा होगा। इसके सबूत बंगाली भाषा में तो प्रचुरता से मिलते हैं। उदाहरण के रूप में "गोड़", "मूँड़", "सोझ", इत्यादि शब्द अवधी एवं बंगाली एक ही तरह से उपयोग में लाए जाते हैं। इस विषय को लेकर हमारे संस्थान के स्कूल ऑफ़ इण्डिक स्टडीज़ में अवधी भाषा का सम्बन्ध भारत तथा विश्व की अन्य भाषाओं से किस तरह से सिद्ध किया जा सकता है, इस पर शोध किया जा रहा है। हमारी मौलिक परिकल्पना यह है कि अवधी भाषा अथवा उससे उद्धृत शब्द अन्य भाषाओं, जो कि अन्य भारतीय भाषाओं, विशेषरूप से संस्कृत, से अलग होंगे। हमारा मानना है कि संस्कृत प्राकृत भाषाओं से निर्मित भाषा है, और अवधी सम्पूर्ण जगत् की मूल प्राकृत भाषा है।

तारा बिकल देखि रघुराया। दीन्ह ग्यान हरि लीन्ही माया॥
छिति जल पावक गगन समीरा। पंच रचित अति अधम सरीरा॥2॥

भावार्थ – तारा को व्याकुल देखकर श्री रघुनाथजी ने उसे ज्ञान दिया और उसकी माया (अज्ञान) हर ली। (उन्होंने कहा –) पृथ्वी, जल,

अग्नि, आकाश और वायु – इन पाँच तत्त्वों से यह अत्यन्त अधम शरीर रचा गया है ॥2 ॥

प्रगट सो तनु तव आगे सोवा। जीव नित्य केहि लगि तुम्ह रोवा ॥
उपजा ग्यान चरन तब लागी। लीन्हेसि परम भगति बर मागी ॥3 ॥

भावार्थ – वह शरीर तो प्रत्यक्ष तुम्हारे सामने सोया हुआ है, और जीव नित्य है। फिर तुम किसके लिए रो रही हो? जब ज्ञान उत्पन्न हो गया, तब वह भगवान् के चरणों लगी और उसने परम भक्ति का वर माँग लिया ॥3 ॥

अतः रामचरितमानस के सुन्दरकाण्ड में जो राम–समुद्र वार्तालाप दर्शाया गया है, उसके भाव, विचार, संचार के मूल्यांकन हेतु इतिहास, पात्रों के सन्दर्भ, एवं विषय में संस्कार कई आवश्यकताएं होती हैं।

समुद्र और राम संवाद की कहानी का अर्थ समझने के लिए, और समुद्र ने पञ्चभूतों को विस्तृत करने के लिए जिन उदाहरणों का उपयोग किया, उन्हें समझने के लिए, किसी को यह समझना होगा कि समुद्र उस राम से बात कर रहे थे जिन्होंने पहले एक तर्क तारा को शान्त करने के लिए उसी दर्शन का उपयोग किया था और, समुद्र का चरित्र इन पञ्चभूतों की मूलभूत विशेषताओं को उनके कार्य (सहज जड़ करनी) में इंगित करता है, यहाँ “जड़” का अर्थ अज्ञानी या अनजान नहीं है, बल्कि ये तत्त्व अपनी मूल प्रकृति के अनुसार कार्य करते हैं। इस प्रकार, किसी को रामायण जैसी कहानियों में प्रतिबिम्बित दर्शन को समझने के लिए गहरी पृष्ठभूमि और समग्र सन्दर्भ को समझना होगा।

पहले संस्करण में पुस्तक का नाम *ढोल गँवार शूद्र पशु नारी* रखा गया था, यह सोचकर कि चौपाई की दूसरी पंक्ति स्वतः समझ आ जाएगी। परन्तु

यह विषय राजनीतिक तूल पकड़ चुका है, जिसमें नारी तथा शूद्र वर्ग को भड़काया जाने लगा है, "ताड़न" शब्द के अर्थ को तोड़-मरोड़कर प्रस्तुत ही नहीं बल्कि रामचरितमानस को फाड़ा और जलाया जा रहा है।

इसलिए इस संस्करण में शीर्षक पूरी चौपाई के रूप, "ढोल गँवार सूद्र पसु नारी ये सब ताड़न के अधिकारी में गोस्वामी तुलसीदासजी के गूढ़ भाव", में प्रस्तुत की गई है। यह Real India Exploration Series के अन्तर्गत प्रथम पुस्तक के रूप में निखरी है। आशा है कि इस पुस्तक के मौलिक उद्देश्य की आपूर्ति के साथ-साथ सामाजिक सरगर्मी को भी सुलझाने में सहायता मिलेगी।

अन्त में, मैं INADS Press, USA एवं D.K. Printworld, India के प्रति अपना आभार प्रकट करना चाहता हूँ कि इन्हीं के अथक प्रयास से यह संस्करण सम्भव हुआ है। यह बताना चाहूँगा कि इस कार्य में डॉ॰ अपर्णा धीर खण्डेलवाल का बड़ा ही बहुमूल्य योगदान रहा है, जिसमें उन्होंने अपने अथक प्रयास से दो प्रकाशकों की प्रबल प्रतिभाओं को निखारकर इस पुस्तक को यह उत्कर्ष रूप प्रदान करवाया है। इस कार्य में INADS प्रेस के डॉ॰ उमेश कुमार सिंह तथा D.K. Printworld के श्री राजेन्द्र अग्रवाल का अटूट योगदान रहा है।

२५ मार्च २०२४

बलराम सिंह
डार्टमाउथ, यू॰एस॰ए॰

Preface

> "India is the cradle of the human race, the birthplace of human speech, the mother of history, the grandmother of legend, and the great-grandmother of tradition."
>
> – Mark Twain, (Following the Equator: A journey around the world)

Indian Civilization is old. Some even consider it as the fountainhead of all civilizations of the world, about which the celebrated American author Mark Twain has pointed out in his travelogue after the world tour during 1895-96. He spent three months out of his fourteen months journey to get a first-hand account of the extensive oriental wisdom.

According to Indian cosmology, a *kalpa* consists of fourteen *manavantaras*, each with seventy-one *Yugas* of 12,000 years. At present we are living in the 28th of *Yuga* of the 7th *manavantara*. Every *Yuga* sees *pralaya* (deluge) and *sṛṣṭi* (creation). There is no equivalent day of reckoning like other biblical religions in Hindu cosmology or mythology. This makes human civilization about 5,448,000 years old, which is in the range of around 2 million years supported by modern scientific calculations. Every manvantara has its own *Manu*. At present, the progenies of *Vaivasvata Manu*, are in the existence since 336,000 years (Singh, 2022: "Land of Ayurveda, India, That Was, That is, and That Could Be"..., *Ayurveda Journal of Health, Volume 20*, pp. 32-40). The word "*Manu*" is interesting, as later words like *mānava*, *manuṣya*, or even "man" or "Adam" (from "*Ādimanu*") of English language are derived from the same root. So, linguistically this credits India as the cradle of human race.

Vaivasvata Manu is supposed to have founded the kingdom of *Ayodhyā*, on the bank of *Sarayū* river. Evidently, this makes *Ayodhyā* as the first city of human civilization and her language *Avadhī*, as the spring-well of all later languages of the world. Although, some tend to credit Vedic Sanskrit as the oldest language (or even *devabhāṣā*), but the classical Sanskrit (literary, the purified, or perfected, or cultivated, or adorned), as we know it today, was organized by *Maharṣi Paṇini* only around 2500 years ago. Even Vedic Sanskrit could not be more than 30,000 years old. Linguists, therefore, are in favour of considering more germane languages like *Prākṛta*, with *Avadhī* and Tamil variations in North and South India. There is a reference in the *Matsya Purāṇa*, which suggests *Vaivasvata Manu* of Dravidian origin, who moved to *Ayodhyā* during the epochal deluge (Singh, 2021: "A New Narrative of Ayodhya as the Nanihal of Humanity," Vedic Waves blog, August 6, 2021; https://vedicwaves.wordpress.com/2021/08/06/a-new-narrative-of-ayodhya-as-the-nanihal-of-humanity).

Interestingly, in a genetic study by National Geographic Society (See, Singh, 2021, above) it has been proven that human population initially migrated from Africa to the Indian Subcontinent and then from here to everywhere else, making India as the main source of human migration some 60,000 years ago. This may provide further cultural and linguistic connections with *Ayodhyā* and *Avadhī* to the many parts of the world. *Avadhī*, thus, becomes a prime source of many languages. Exploring links between literature of *Avadhī* and other languages could provide whole new gamut of research. For example,

Avadhī	*English*	*Sanskrit*
Nānī	Nanny	*Mātāmahī*
Nīka	Nice	*Śobhanam*
Bāra	Burn	*Prajwalita*
Tohāra	Your	*Tava*
Niyare	Near	*Nikaṭa*

Avadhī language, therefore, justifiably brings out passion in India that it is a torch-bearer of a civilization, which has sung the deeds of *Rāma, Raghu,* and *Hariścandra*! One could easily surmise why *Sant Tulasīdāsa* decided to write *Rāmacaritamānasa* in *Avadhī*, although his mother-tongue was *Brajabhāṣā*. He came from Soron, Kasganj district in Uttar Pradesh), but he could have easily understood with his experience (he was already 75 years old by then) that *Avadhī* is the best language to communicate the original culture of *Ayodhyā*, both symbolically and linguistically. We have often seen how Bollywood movies also script this language effectively for the portrayal of rustic characters like milkman (*dūdhvālā*), gardener (*mālī*), or cook (*rasoiyā*), who more often than that have come to Mumbai from the Avadh region of Uttar Pradesh.

Avadhī is spoken by over 65 million people throughout the world, including the places like Fiji, Mauritius, Caribbean countries and also in some pockets of American and European continents. Its linguistic overlap and affinity with Bhojpuri, Angika, Bundelkhandi, Bengali, Marathi, etc. make the ambit of this language even more widespread.

A culture is quite heavily carried through food, dress, and language with native or regional connotations. This was also true in the ancient times, when long distance travels were limited. This made source of food, dresses, and even language of communication very local. Over the years, human ingenuity produced variations in culinary preferences, sartorial sense, and exchange of ideas. But with passage of time, sometimes quaint expressions, monologues, or dialogues have created problems in their interpretation. Half-part of one *caupāī* (four stanzas) from the *Rāmacaritamānasa* is an example of similar situation, which has been thoroughly discussed in this book by several scholars from different perspectives. The *caupāī* reads:

Sabhaya sindhu gahi pada prabhu kere ।
chamahu nātha saba avaguna mere ॥
Gagana samīra anala jala dharanī ।
inha kai nātha sahaja jaḍa karanī ॥
Prabhu bhala kīnha mohi sikha dīnhī ।
marajādā puni tumharī kīnhī ॥

Ḍhola gaṃvāra śudra paśu nārī ।
ye saba tāḍana ke adhikārī ॥

Misleading translation of this passage, particularly the final stanza "*ḍhola gaṃvāra śudra paśu nārī, ye saba tāḍana ke adhikārī*" (ढोल गँवार शूद्र पशु नारी, ये सब ताड़न के अधिकारी) without getting into the context and understanding social milieu of those times has often evoked sharp reactions from the readers. For example, one Kamlesh Kapoor, a High School history teacher in USA, strongly feels that this *caupai* should be removed from the *Rāmacaritamānasa*. Her negative presumption comes from the basic fact that she has never understood the word in its original connotation, rather tried to grasp it from Hindi or Punjabi mis-interpretation. I tried to convince her how native understanding is necessary to get the correct meaning of the word. I gave her an *Avadhī* language test to guess the meaning of a word *cahaṃṭā* (चहँटा). She immediately responded by linking the word with Hindi/ Punjabi *cāṃṭā* (चाँटा) (slap). This is not true. It actually means a slippery soil after the first rain. In such condition the surface soil becomes wet and loose, while the ground beneath remains dry and solid. This goes a long way to prove the importance of local language to understand the indigenous culture.

I personally feel that a mount out of a molehill has been made in the mis-interpretation of this *caupāī* due to vested interests of some scholars. They wanted to show the local culture and their proponents (in this case *Tulasīdāsa jī*) in bad light. With hidden political agenda they have tried to sow the seeds of social division and cultural denigration.

Unfortunately, even nationalists and spiritual authorities did not respond with agility and forthrightness. Most of the time their explanations have either been apologetic or they have tried to find scapegoats. In the papers presented here the scholars look into this issue from two perspectives – right context and appropriate meaning of the verb "*tāḍan*", which is hidden in the social milieu of Avadh and *Avadhī*, without understanding which no one can grasp the narrative of *Tulasīdāsa*. This may defeat the very purpose due to which he had opted for *Avadhī* to sing the glory of lord *Rāma* in place of Sanskrit. By responding to the right call of national service, here in this book the young scholars through their articles have demonstrated how *Tulasidāsa* had used the verb "*tāḍana*" in the context of "*tāḍa gaye*" (having understood or grasped), which have similar expressions in Marathi, Bengali, Bhojpuri, and other Indian languages also. Once used in the right frame of reference, this verb conveys totally different meaning when it gets associated with words like "*ḍhola*", "*gaṃvāra*", "*śūdra*", "*paśu*", and "*nārī*".

The chapter on *Ḍhola*, entitled "ढोल: शास्त्रीय एवं सामाजिक पक्ष" by Prof. Reena Sahay and myself points out the *ḍhola* being a respectable instrument being used in Indian classical music, and the word has been used by *Gosvāmī Tulasīdāsa* five times in different context from war to children's games. As a symbol of sound it represents the origin of the universe, as also represented by the word, Om! This obviously and clearly indicates the sound representing the *Ākāśa* element of the *Pañcabhūta*.

In the chapter on *Gaṃvāra* entitled, "गँवार या भारत की सभ्यता, संस्कृति एवं धर्म का आधार? Dr. Umesh Kumar Singh and myself have tried demonstrate that a *gaṃvāra* or villager performs a far more complex set up social, political, economic, and sustainable actions, fully connected with the soil, and serving the humanity. A '*gaṃvāra*' word represents those and many more things relevant to live and understand the natural creation. The *gaṃvāra* is the life of the society like the *prāṇa*, thus representing the air element of the *Pañcabhūta*.

In the Chapter on *Śūdra*, entitled "सहज शूद्र वर्ण की अन्तर्निहित जटिलता का सामाधानिक विश्लेषण" Dr. Aparna Dhir Khandelwal and myself have attempted to take both a Vedic textual view and a more socio-political-economic view to demonstrate that *Śūdra* is even more than a class, it represents an affective trait of care, creation, and a complete sustenance of the society, reaching the level of gods for their multifaceted contributions. It is the energy of *Śūdra* that makes them represent the fire element of the *Pañcabhūta*.

In the chapter on "*Paśu*: The Animal", both philosophical, biological, and practical aspects of the *Paśu* have been described by Dr. Raj Kumar and myself to connect the evolution of animals far superior to human in part due to their constant living in nature, and also their superior sense of surrounding, in general, and with their direct association with *Śiva*, also known as *Paśupati*. *Paśu* represent the water element of the *Pañcabhūta* for their sensory development.

Finally, in the chapter on *Nārī* entitled, "श्रीयुक्ता नारी" Ms. Anuja Sinha and myself have tried to prove the expanded form of *Nārī*, who is responsible for the creative power, sustaining power, and the power to run and understanding the entire creation through her intuitive and brain powers, which are far superior to males. It is therefore considered imposible to categorically understand the complexity that a *nārī* or woman represents. She represents the Earth element of the *Pañcabhūta*.

Despite the right notion of Mahatma Gandhi that the soul of India lies in her villages, rural thoughts and culture have not gotten their due in the studies after independence. This apathy from so-called urban intellectual class has resulted in half-baked cultural interpretation of rural India. The *Rāmacaritamānasa* has also become victim to this chicanery. We have tried to adopt the Western civilization terms in Indian context without getting into the details. So, the entire population of the country has been termed "citizens" (modeled after Greek cities) through one stroke of pen, despite there being hardly 10% of people in the cities during the time of Independence. Such insincerity has resulted in the village-dwellers being considered rustic (*Gaṃvāra*) vis-a-vis city-dwellers. *Nārī* (women), the creator of this world, the goddess, and *Śūdra* class, being the *Prajāpati*, the *Viśvakarmā* of this world have been treated with false sense of victimhood. Understanding these words in correct perspective require self-realization, not foreign superimposition, which has resulted in "*tāḍana*" being misunderstood as "beating" in place of "perceiving".

Anyway, I am glad we have an array of young scholars who have joined hand with me as co-authors to reveal the pertinent knowledge for social transformation in the new millennia. I am grateful to my inquisitive friends and ignorant foes alike for pestering me with their queries in different context, which has inspired me to take up this wonderful initiative of clarifying true meanings of *ardha-caupāī* of the *Rāmacaritamānasa*. I hope this inspiration will continue to address many other issues for the benefit of the society.

In fact, there is already a plan afoot to bring out another volume of this book, in part because of a strong enthusiasm shown by young scholars of varying fields. Also, this new perspective presented in this book opens the entire creation at all levels from non-living to living, including little organisms to humans to be explored in the framework provided by the great wisdom of *Gosvāmī Tulasidāsa*, showing the depth of his knowledge, and the far-sighted he displayed in creating *Rāmacaritamānasa*.

Finally, I am personally grateful to my village upbringing in a joint family which has allowed to experience and gain some of the fundamental and wonderful human traits in the service of others.

Last but not the least, I am really appreciative of the effort of Dr. Umesh Kumar Singh, Director, INADS Press (the publication wing of the Institute of Advanced Sciences), to bring out this volume in a timely and elegant manner.

Dartmouth, MA 02747, USA **Bal Ram Singh**
April 15, 2022

Contents

1

'ढोल गँवार शूद्र पशु नारी' का रामायणीय विवेचन

बलराम सिंह[1]

रामचरितमानस एक ऐसा महाकाव्य है जिसकी चौपाइयाँ संसार में सामाजिक तौर पर सर्वाधिक याद और उल्लेखित की जाती हैं। यह महाकाव्य केवल एक आदर्श गाथा का ही सङ्कलन नहीं है बल्कि इसके अन्दर संसार के आगम-निगम से लेकर वेद-पुराण तक सारे विषयों का सार प्रस्तुत किया गया है। रामचरितमानस की रचना गोस्वामी तुलसीदास जी ने लगभग 75 साल की उम्र में की थी। उस समय तक उन्हें हर तरह के शास्त्रों का सम्पूर्ण ज्ञान हो चुका था। इसलिए उनकी रचनाओं को केवल व्यावहारिक भाषा के रूप में नहीं समझा जा सकता है।

रामचरितमानस के सुन्दरकाण्ड में एक चौपाई आती है जिसका सन्दर्भ है– प्रभु श्रीराम एवं समुद्ररुपी विप्रदेव के मध्य वार्तालाप। प्रभु श्रीराम लङ्का-विजय हेतु सेना सहित पार करने के लिए पहले तो समुद्रदेव से अनुनय-विनय करते हैं, पर जब वे नहीं प्रकट होते हैं तो क्रोधित होकर लक्ष्मण से कहते हैं–

---

[1] Director, Botulinum Research Center & President, Institute of Advanced Sciences, Dartmouth, MA 02747, USA.

बिनय न मानत जलधि जड़, गए तीन दिन बीति।
बोले राम सकोप तब, भय बिनु होइ न प्रीति॥

घबराकर समुद्रदेव एक विप्र के रुप में प्रकट होते हुए कहते हैं-

सभय सिंधु गहि पद प्रभु केरे। छमहु नाथ सब अवगुन मेरे॥
गगन समीर अनल जल धरनी। इन्ह कइ नाथ सहज जड़ करनी॥

प्रभु भल कीन्ह मोहि सिख दीन्ही। मरजादा पुनि तुम्हरी कीन्ही॥
ढोल गँवार शूद्र पसु नारी। सकल ताड़ना के अधिकारी॥

यह चौपाई एवं इसके विषय दोनों ही बहुचर्चित रहे हैं। विशेषकर इस चौपाई के अन्तिम चरण 'ढोल गँवार शूद्र पशु नारी, ये सब ताड़न के अधिकारी' की भ्रान्तिपूर्ण व्याख्या ने समाज में एक अवांछित विवाद पैदा किया है। इसका एक उदाहरण **श्रीमती कमलेश कपूर**[2] का वक्तव्य है कि अगर उनका वश चले तो इस अर्ध-चौपाई को रामचरितमानस से निकाल दें अथवा रामचरितमानस से सुन्दरकाण्ड ही निकाल दें। उनका कहना है कि जब भी अखण्ड रामायण का पाठ होता है तो सुन्दरकाण्ड का समय आने पर वे उठकर चली जाती हैं। उनके ये उद्गार उनके जैसी अनेकों महिलाओं के अन्दर की पीड़ा को दर्शाते हैं। इस अर्ध-चौपाई का प्रायः अर्थ लगाया जाता है कि ढोल, गँवार, शूद्र, पशु, एवं नारी को पीटने से ही काम निकलता है। इस चौपाई का एक दूसरा रूप भी रामचरितमानस के कुछ संस्करणों (गीता प्रेस, गोरखपुर) में मिलता है जिसमें कि पीटने का अर्थ और स्पष्ट प्रतीत होता है-

[2] वे अमेरिका में भारतीय मूल की एक विदुषी शिक्षिका हैं। इन्होंने भारत और हिन्दू धर्म पर दो पुस्तकें भी लिखी हैं-

1. *History of Ancient India: Portraits of a Nation*, 2010
2. *Hindu Dharma: A Teaching Guide*, 2013

ढोल गँवार शूद्र पशु नारी। सकल ताड़ना के अधिकारी॥

'सकल ताड़ना' में सकल का अर्थ सम्पूर्ण या पूर्णरूप के सन्दर्भ में लिया जाता है, और 'ताड़ना' को कई रूप में देखा जा सकता है, जैसे कि ताड़ना, ताड़ जाना, ताड़ देना, ताड़ खाना, ताड़ लेना, ताड़ पाना, ताड़ चुकना, इत्यादि। अवधी भाषा (जो कि मेरी स्वयं की भी मातृभाषा है) में 'ताड़ना' शब्द का प्रयोग किसी गूढ़ बात को समझने या बूझने के लिए होता है। मराठी व बंगाली भाषाओं में भी इस शब्द का प्रयोग इसी सन्दर्भ में किया जाता है। वैसे मेरे मत से 'सकल ताड़ना' की शब्दबद्धता अवधी से हिन्दीकृत करने के लिए की गयी है, जिसके लिए कदाचित मूल कहावत में संशोधन किया गया है। यह मैंने व्यक्तिगत अनुभव से भी सीखा है कि अनुवाद के क्रम में प्रायः लोगों द्वारा स्थानीय भाषा के शब्दों को परिमार्जित कर दिया जाता है। मेरे सहयोगी डॉ० उमेश कुमार सिंह के पास रामचरितमानस की एक हस्तलिखित प्रति में यह चौपाई इस प्रकार है–

ढोल गँवार क्षुद्र पशु नारी।
ये सब ताड़न के अधिकारी॥

अर्थात् इस प्रति में 'शूद्र' शब्द के स्थान पर 'क्षुद्र' का उपयोग है, जिसका साधारण अर्थ निम्नकोटि के लोगों के प्रति किया जाता है, हालाँकि क्षुद्र का एक अर्थ शूद्र भी है। दोनों ही अर्थों में ताड़न का अर्थ मारने के सन्दर्भ में नहीं बनता है बल्कि अवधी भाषा में इसका प्रयोग 'ताड़ि गय' या 'ताड़े रह्या' के रूप में होता है।

कुछ अन्य विद्वानों एवं बुद्धिजीवियों ने इस विषय पर निम्नलिखित रूप से विचार प्रकट किये हैं-

स्वामी रामसुखदास के मतानुसार तुलसीदास जी की यह चौपाई कुछ इस तरह से होनी चाहिए–

fig. 1 ग्रामीण भारत में जल भरती महिलाएँ

ढोल गँवार शूद्र पशु नारी।
यह सब शिक्षा के अधिकारी॥

अर्थात्, आपने 'ताड़न' शब्द को ट्रेनिंग से सम्बन्धित किया है, जो कि सम्भावित है, क्योंकि 'शिक्षा' शब्द का अर्थ इंस्ट्रक्शन देना अथवा सीखना या सिखाना ही होता है।

जगद्गुरु रामानन्दाचार्य स्वामी रामभद्राचार्य, (कुलपति, जगद्गुरु रामभद्राचार्य दिव्याङ्ग विश्वविद्यालय) का जन्म अवध क्षेत्र के जौनपुर जनपद में हुआ था। वे संस्कृत व अवधी समेत अनेक भाषाओं के ज्ञाता हैं। उन्होंने 'शूद्र' का अर्थ अपने एक व्याख्यान (जून 19, 2019) में बतलाते हुए कहा

है कि 'शूद्र वह है जो चिन्ता से अपना सन्तुलन खो दे'। उन्होंने भी ताड़न का अर्थ शिक्षा ही बताया है। आप कहते हैं कि 'अगर महिलाएँ पढेंगी लिखेंगी नहीं तो समाज नहीं सुधरेगा। नारी नरक का द्वार नहीं नारायण का द्वार है।'

गोवर्धन मठ में मठाधीश स्वामी जी ने अपने ग्रन्थ *विचित्र-संवाद* (अप्रैल 26, 2018) में एक घटना का उल्लेख किया है कि दलित परिवार के महाशय श्री सूरजभान जी ने श्रृङ्गेरीपीठ के शङ्कराचार्य जी को (ढोल गँवार शूद्र पशु नारी वाली चौपाई के बारे में) आपत्ति जताई। स्वामीजी ने चौपाई के सभी शब्दों को अलग-अलग सन्दर्भों एवं उदाहरणों के साथ समझाया। उनके अनुसार पहले यह जानना चाहिए कि इस चौपाई का वक्ता 'समुद्र' है। उसके वचन में 'ढोलक' एक घटक है। सामान्य तौर पर ढोल या बैण्ड बजाने के सन्दर्भ में ताड़न का अर्थ तोड़ना नहीं होता, बल्कि उँगलियों के विन्यास से आवाज निकालना होता है। अर्थात् यहाँ पर ताड़न का तात्पर्य उँगलियों की गतिविधि से है। चाणक्य के अनुसार भी घर के लाल गोपाल का पाँच साल तक लालन पालन करना चाहिए और अगले दस साल प्रशिक्षण के लिए प्रताड़ित करना होता है-

'लालयेत् पञ्च वर्षाणि दश वर्षाणि ताडयेत्।'

'गँवार' के संदर्भ में इस चौपाई का अर्थ समझाते हुए स्वामी जी ने बताया कि यदि किसी गँवार को कहिये कि 'आइये श्रीमान विराजिए' तो वह नहीं समझेगा। उसे सही ढंग से समझाना ही ताड़ना है। स्वामी जी ने आगे कहा कि जो शोक–संतप्त होता है वही 'शूद्र' सिद्ध होता है। उसे समझा-बुझाकर या कभी-कभी लालच देकर सँभाला जा सकता है। 'पशु' के लिए बताते हुए स्वामी जी ने कहा कि अपने पाले हुए बैल से हल चलवाने के लिए प्रेम पूर्वक कार्य लेने की विद्या ताड़न होती है। 'नारी' की चर्चा करते हुए

स्वामी जी ने बताया कि वह तो कर्मकाण्ड तथा उपासना काण्ड में नर की सहधर्मिणी होती है। मनोविज्ञान की दृष्टि से यदि नारी घर और परिवार से विमुख अथवा स्वच्छन्द हो जाए तो बच्चों की क्या दशा होगी? इसलिए उनकी उचित संस्कार-प्रशिक्षण विद्या को ताड़न कहते हैं। जिनमें कुछ कठोर बर्ताव भी किया जा सकता है, खासकर बच्चों, पशुओं, तथा नारी के सन्दर्भ में, लेकिन ताड़न का शाब्दिक अर्थ पीटना तो कतई नहीं है।

जबकि **श्री वामन मेश्राम** 'रिया डेली' ब्लॉग में लिखते हैं कि "हालाँकि कुछ ब्राह्मण कहते हैं कि ताड़न का अर्थ रक्षण होता है जो कि गँवार, शूद्र, पशु, या नारी में माना भी जा सकता है, परन्तु ढोल को जोड़ने से यह निश्चित हो जाता है कि उसका अर्थ पीटना ही होता है, क्योंकि ढोल की रक्षा का कोई औचित्य नहीं बनता है।" इसे सिद्ध करने के लिए वे रामचरितमानस की एक और चौपाई का आधार लेते हैं-

'सापत ताड़त परूष कहंता।
विप्र पूज्य अस गावहिं संता॥'

अर्थात् शाप देने वाला, मारने–पीटने वाला, अथवा कठोर शब्द कहने वाला भी विप्र पूजनीय होता है, ऐसा संतों का मत है।

'बहुजन सोच' (नवम्बर 1928) भी लिखता है कि "मनुवादी ताड़ना को पीटना नहीं मानते, जबकि वामन शिवराम आप्टे शब्दकोष में साफ लिखा है कि ताड़ना का अर्थ आघात, डाँटना, फटकारना, या प्रहार करना होता है।" उन्होंने भी अरण्यकाण्ड की उस 'सापत ताड़त परुष कहंता...' आदि चौपाई का उदाहरण दिया है।

श्री परमानन्द गोविन्द शरण जी महाराज भजन मार्ग के परम पूज्य वृन्दावन रसिक संत के अनुसार 'ताड़ना' का अर्थ अलग–अलग होता

है, जैसे कि 'ढोल' के लिए पीटना परन्तु शास्त्रीय ढंग से, गँवार के सन्दर्भ में उस पर दृष्टि रखना, तथा 'शूद्र' के सन्दर्भ शास्त्र संगत करना। उनके अनुसार नर एवं नारी मनु सतरूपा ब्रह्मा की नासिका से उत्पन्न हुए है, और स्त्री तो रत्न है। इसलिए नारी ताड़ना की अधिकारी है यह तो गलत है। यहाँ पर ताड़ना का अर्थ दृष्टि रखने से है, क्योंकि वह रत्न है।

विन्दु जी महाराज ने नारद टीवी पर एक प्रवचन में बताया कि ताड़ना का अर्थ होता है – रक्षा करना, समझना, और देखभाल करना। उनके अनुसार तुलसीकृत रामायण समझने के लिए कुछ विशेष आचरण करना चाहिए।

तुलसी तृण सम तन करू, मुख तुलसीदल राख।
तुलसी माला कर गहो, तब तुलसीकृत भाख॥

बौद्धाचार्य शान्तिस्वरूप बौद्ध ने सम्यक् टीवी (सितम्बर 18, 2019) पर बोलते हुए कहा कि कुछ व्याख्याकार कहते हैं कि ताड़ना का अर्थ उद्धार करना होता है, परन्तु उनके मतानुसार ताड़ना का अर्थ दण्ड देना ही होता है। उन्होंने तो क्रोध में अन्य व्याख्याकारों को बरसाती मेढक भी कह डाला।

इसी तरह **प्रेम भूषण जी** ने ज्ञानगुरु टीवी पर प्रवचन करते हुए कहा कि ताड़न का अर्थ कसना होता है। जैसे ढोलक में कसने के लिए मुँदरी लगी होती है इसी तरह गँवार को समझाना यानी कि कसना पड़ता है, शूद्र अर्थात् सेवक को छह महीना तक सिखाना पड़ता है। पशु का समय-समय पर नाथ कसना पड़ता है, और नारी को यदा-कदा मर्यादा की शिक्षा देने के लिए कसना पड़ता है।

एक ज्योतिषाचार्या ने अपनी संक्षिप्त टिप्पणी में 'ढोल गँवार शूद्र पशु नारी' को पञ्चभूत के रूप में प्रस्तुत किया है। हालाँकि इन महोदया ने अपने विचार की व्याख्या नहीं की, परन्तु उनकी बात कुछ विचारणीय है। समुद्र

रूपी विप्र का अपने को जड़मति बताना (गगन समीर अनल जल धरनी, इन्ह कै नाथ सहज जड़ करनी) यह सिद्ध करता है कि किसी की प्रार्थना या अनुनय-विनय न सुनना उसकी जड़ (अर्थात् चेतना रहित) होने की प्रकृति के कारण है। एक तरह से तो यह व्याख्या समुचित प्रतीत होती है, पर क्या यह ज्ञान राम को वशिष्ठ के आश्रम में नहीं मिला था? यदि समुद्र में जल के जड़त्व के कारण अनुनय-विनय को समझने की क्षमता नहीं तो वह भय से कैसे प्रभावित हो सकता है? वैसे भी रामचरितमानस में ऐसे प्रसङ्ग आए हैं जहाँ इन पञ्चभूतीय जड़ पदार्थों में चेतना दिखाई गई है, जैसे कि मैनाक पर्वत का हनुमान जी को सहायता देने के लिए समुद्र में से ऊपर आ जाना। सीता जी का अग्नि में प्रवेश (जब लव करहुँ निशाचर नासा, तुम प्रिय करहु अगिनि महँ वासा), तरह-तरह की आकाशवाणी, आदि।

इस सन्दर्भ में यह भी विचारणीय है कि राम की सेना समुद्र पार करने के लिए बिना किसी योजना के तो पड़ाव नहीं डाल सकती थी। उस सेना में नल और नील जैसे शिल्पी पहले से ही विद्यमान थे। लंका निवासी भी समुद्र पार करके इस पार आया करते थे। ऐसा प्रतीत होता है कि लोग छोटी-छोटी नावों का उपयोग करते रहे होंगे। इसलिए समस्या समुद्र पार करने की नहीं बल्कि चुनौती यह थी कि उतनी विशाल सेना एक साथ उस समुद्र को कैसे पार कर सकती थी? यदि छोटे-छोटे समूहों में जाते तो शत्रु की सेना उन पर टूट पड़ सकती थी। इन्हीं कारणों से विभीषण ने सलाह दिया कि समुद्र से सहायता माँगी जाए। जिस तरह से हनुमान कोई साधारण वानर नहीं वरन् संस्कृत समेत कई भाषाओं के ज्ञाता थे, उसी तरह से क्षण भर में विप्र का रूप धारण करनेवाला समुद्र साधारण जल समुदाय तो नहीं हो सकता है। वैसे भी विप्र की परिभाषा साधारण नहीं होती–

जन्मना जायते शूद्रः संस्कारात् द्विज उच्च्यते।
वेद पाठात् भवेद्विप्रः ब्रह्म जानाति इति ब्राह्मणः॥

इसी तरह से ऋग्वेद में कहा गया है कि 'एकं सद् विप्रा बहुधा वदन्ति' अर्थात् सत्य एक है जिसे कि विप्र कई भाँति से वर्णन करते हैं। कहने का तात्पर्य है कि जो व्यक्ति श्री राम के समक्ष प्रस्तुत हुआ वह एक ज्ञानी एवं बुद्धिमान व्यक्ति था। इसलिए वह कहता है- हे नाथ, ये पाँच तत्त्व (गगन, समीर, अनल, जल एवं धरनी) सहज भाव से सारे जगत् में कार्यरत रहते हैं, इनकी ही करनी है। चूँकि ये मूलरूप में है, इसलिए स्वतः विदित नहीं है, ठीक उसी तरह जैसे पौधे की फूल-पत्तियाँ और फल तो दिखते हैं पर जड़ नहीं दिखती। लेकिन बिना जड़ को समझे या सिञ्चित किये उसके फूल और फल के गुणधर्म को उचित रूप से नहीं समझा जा सकता है। उदाहरण के रूप में यदि प्रदूषित जल, खनिज, अथवा कृत्रिम खाद से जड़ को सिञ्चित किया जाए तो उसका प्रभाव पत्ती, फूल और फल पर भी पड़ेगा। अतः इन पञ्चभूतीय/पञ्चतत्त्वीय पदार्थों के ज्ञान द्वारा ही जगत को समझा जा सकता है।

एक अन्य ज्योतिषी[3] ने मुक्ता ज्योतिष चैनल पर 'ढोल गँवार शूद्र पशु नारी' को पाँच ज्ञानेन्द्रियों से जोड़ने का प्रयत्न किया है। पाँच ज्ञानेन्द्रियाँ- कर्ण, त्वचा, आँख, जिह्वा तथा नाक, क्रमशः शब्द (ध्वनि), स्पर्श, रूप, रस, व गन्ध से जुड़ी होती हैं। अब रुचिकर बात ये है कि जिस क्रम में पञ्चभूतों को प्रस्तुत किया है संत तुलसीदास जी ने भी उन्हें उसी क्रम में प्रस्तुत किया है। इस प्रकार पञ्चभूत गगन, समीर, अनल, जल एवं धरनी की तन्मात्राओं (शब्द, स्पर्श, रूप, रस एवं गन्ध) की अभिव्यक्ति क्रमशः

3 https://www.youtube.com/watch?v=oo1iFulVmfY, uploaded on Dec 1, 2018

ढोल (ध्वनि), गँवार (सम्पर्क), शूद्र (प्रकार), पशु (स्वाद), तथा धरनी (धारणीय) के उदाहरण के माध्यम से प्रस्तुत की गयी है। इन पञ्चतत्त्वों की तन्मात्राएँ, ज्ञानेन्द्रियाँ, तथा सामाजिक पृष्ठभूमि को देखा जाय तो इस विवेचन में रहस्यमय ज्ञान प्रस्फुरित होने लगता है। द्रष्टव्य है कि इस जगत की उत्पति शृंखला भी गगन से प्रारम्भ होकर पृथ्वी तत्त्व तक (गगन → समीर → अनल → जल → धरनी) चलती है, और प्रत्येक तत्त्व में उसके पहले वाला तत्त्व भी समाहित रहता है। इस तरह से यदि इन पञ्चभूतों की अभिव्यक्ति को देखें तो 'ढोल' ध्वनि तन्मात्रा को इंगित करती है जो कि इस जगत का आधार है, जिसे शिव के डमरू से निकली ध्वनि से निर्मित माना जाता है। ध्वनि जटिलता को भी इंगित करता है जिसे संगीत, वादन, गायन, राग, धुन, लय, ताल से आभास किया जा सकता है।

इसी तरह 'गँवार' सम्पर्कों का प्रतीक है, जिसके अनुसार गाँव में लोग एक दूसरे को पीढ़ियों से जानते हैं। वहाँ लोग एक दूसरे को पारिवारिक सम्बन्धों से भी जानते हैं, और बिना किसी जात-पाँत के भेदभाव के सम्बन्धित व्यक्ति को काका, मामा, फूफा, नाना, नानी, मौसी, दादी जैसे सम्बोधनों से बुलाते हैं। इन सम्बन्धों का व्यावहारिक जीवन बड़ा गूढ़ होता है, और उसे समझना एक दुष्कर कार्य होता है। इसलिए कहा जाता है कि देश का प्रधानमन्त्री बनना आसान है पर एक गाँव का प्रधान बनना कठिन है।

'शूद्र' को भी इसी दृष्टिकोण से देखा जाए तो निश्चित है कि शूद्र स्वाभाविक रूप से ऊर्जावान होते हैं। उनकी कार्यकुशलता बहु-आयामीय है और विशेष गुणों से युक्त होती है, जैसे कि डॉक्टर-वैद्य, इंजीनियर, तरह-तरह के कलाकार, शिल्पकार, आदि। इस विभिन्नता को समझकर उनकी संगति एक बड़ी चुनौती होती है जिसके सामाजिक, आर्थिक, व राजनीतिक बहुतेरे आयाम हो जाते हैं।

'पशु' को जल तत्त्व के रस तन्मात्रा स्वाद से जोड़ा गया है। पशुओं में स्वाद शक्ति अति प्रबल होती है। एक पशु के taste bud को देखा जाय तो कैटफिश में 175,000 taste buds होते हैं जबकि मनुष्य में केवल 10,000 taste buds होते हैं। गाय की जिह्वा पर करीब 35,000 taste buds पाए जाते हैं जो उसे स्वाद के माध्यम से भोजन के लिए खाद्य तथा अखाद्य पदार्थों में भेद करने की शक्ति प्रदान करते हैं। इस तरह से पशुओं की इस शक्ति को पार पाना एक जटिल कार्य है।

अन्त में 'नारी' की अभिव्यक्ति धरती या पृथ्वी तत्त्व के रूप में सर्वथा उचित है, जैसे कि भूदेवी, भूमिदेवी, अथवा धरती माता। नारी की क्षमताओं और क्रिया कलापों को समझने के लिए देवता भी कम पड़ जाते हैं, मनुष्य तो बहुत दूर है। कहा गया है कि 'स्त्र्याः चरित्रं पुरुषस्य भाग्यं देवो न जानाति कुतो मनुष्यः', अर्थात् स्त्री का आचरण और पुरुष का भाग्य देवता भी नहीं जान सकते मनुष्य की क्या औकात।

इन विश्लेषणों से यह स्पष्ट हो जाता है कि 'ढोल गँवार शूद्र पशु नारी, ये सब ताड़न के अधिकारी' अर्ध-चौपाई का यथोचित गम्भीरता से अवलोकन नहीं हुआ है। इसलिए जो साधारण रूप से इसका अर्थ लगाया जाता है वह सर्वथा अपूर्ण एवं अनुचित है। इस सम्बन्ध में साधु-सन्तों और रामायण मर्मज्ञों ने भी गलतियाँ की हैं। इसकी अनुचित व्याख्या से भ्रान्तियाँ फैली हैं और समाज विघटित हुआ है। इसीलिए यह आवश्यक है कि इस विषय को समुचित प्राथमिकता दी जाय जिससे न केवल भ्रान्तियों को मिटाया जा सके बल्कि संत तुलसीदास जी के गहन चिन्तन द्वारा लिखित रामायण की उस महत्त्वपूर्ण घटना के माध्यम से दार्शनिक, वैज्ञानिक, एवं सामाजिक ज्ञान का लाभ उठाया जा सके। इति॥

2

ढोल: शास्त्रीय एवं सामाजिक पक्ष

रीना सहाय[1] *एवं बलराम सिंह*[2]

रस एवं सौन्दर्य की परिकल्पना सङ्गीत है। यह वह ललितकला है जिसमें समस्त प्रकृति समाहित होती है। पक्षियों का कलरव, नदियों की कल-कल ध्वनि, पत्तों की सरसराहट - प्रकृति जन्य ये अनुभूतियाँ न जाने कितने कालों से मानव मस्तिष्क को आह्लादित करती आ रही हैं। ये सुमधुर ध्वनियाँ ही सङ्गीत का आधार हैं। पौराणिक काल से ही सात लोक और चौदह भुवन की कल्पना में एक ऐसी ध्वनि का संवाहन है जो ब्रह्माण्ड के विभिन्न तलों में व्याप्त है। यों तो प्रकृति में सुनाई पड़ने वाली ध्वनियों का अपना सङ्गीतमय रूप होता है, फिर भी स्वरों एवं लय की अवधारणा करके सङ्गीत मनीषियों ने साङ्गीतिक नादों को परिष्कृत रूप प्रदान किया। इसलिए कहा गया है कि नाद चिदाकाश की ध्वनि है तथा **सङ्गीत नाद ही ब्रह्म है**–

> प्रथम आद नाद बह्म जो जासो भयो है सब विस्तार।
> शब्द पवन अग्नि पानी धरित्री माया माई सृष्टि रची करतार॥[3]

---

[1] सेवानिवृत्त प्रोफेसर एवं विभागाध्यक्षा, श्री अरविन्द महिला कॉलेज, पाटलिपुत्र विश्वविद्यालय, पटना

[2] Director, Botulinum Research Center & President, Institute of Advanced Sciences, Dartmouth, MA 02747, USA.

[3] पण्डित विष्णु दिगम्बर पलुस्कर की पुस्तक *संगीत बालप्रकाश* तृतीय भाग से उद्धृत, 'ध्रुपद रागभैरव' पृष्ठ 110

विद्वानों के मतानुसार सबसे पहले ब्रह्मा को 'ॐ' शब्द के रूप में ब्रह्म की अनुभूति हुई और उच्चरित स्वरों के साथ उसका तालमेल बैठाकर अनेक रागों का सृजन हुआ। इन रागों का चेतन जगत पर जो प्रभाव है, उसमें मानव मस्तिष्क का चिन्तन और शरीर के अवयव प्रभावित होते हैं। सङ्गीत के स्वर चाहे कण्ठ की उपज अथवा किसी यन्त्र द्वारा सृजित हों उनसे उत्पन्न स्वर तरङ्गों (frequency) के समान होती हैं। मानव मस्तिष्क में अमूर्त रूप से ध्वनि तरङ्गों के प्रति एक संवेदनशीलता जुड़ी हुई है जो चेतनावस्था में तो कानों में गूँजती ही है उनका अचेतन अवस्था में भी आभास होता रहता है। मानव के अन्दर स्थित सात्त्विक, तामसिक एवं राजसिक गुणों के सन्तुलन की क्षमता भी साङ्गीतिक स्वरों द्वारा मानी गयी है।

यह सृष्टि नाद एवं गति का ही परिणाम है। आकाश का गुण शब्द है, वही जब गति के प्रभाव से वायु, जल, अग्नि तथा पृथ्वी का रूप धारण कर पञ्चतत्त्व बनता है, तब समस्त व्यापार आगे बढ़ता है। सङ्गीत का सम्बन्ध इन्हीं सूक्ष्म तत्त्वों से है। वैदिक काल से ही सङ्गीत में गीत, वाद्य एवं नृत्य इन तीनों कलाओं का प्रयोग समाविष्ट हैं–

गीतं वाद्यं च नृत्यं त्रयं सङ्गीतमुच्यते।

सङ्गीत या गायन में, स्वर एवं छन्द में लय के साथ काव्य या मन्त्रोचारण अपेक्षित है। स्वर एवं लय नाद के परिष्कृत रूप हैं। इनका स्वतंत्र प्रयोग वाद्यों में होता है। नृत्य में स्वर एवं लय के साथ अङ्ग-सञ्चालन भी सम्मिश्रित है।

2.1 श्रुति, स्वर एवं ताल

नाद के दो प्रकार हैं- आहत और अनाहत। आहत नाद का सीधा सम्बन्ध प्रायोगिक सङ्गीत से है और अनाहत (अनहद) मनुष्य के अन्तरात्मा की

ध्वनि है। साधक के लिए जो तन्मयता की स्थिति होती है उसे ही अनहद नाद कहा गया है जिसे सुनने की शक्ति योगियों में ही होती है। नाद से श्रुतियाँ एवं श्रुतियों से स्वर बने। मानव द्वारा जिन साङ्गीतिक नादों को पृथक्-पृथक् कानों से सुना गया उन्हें श्रुति की संज्ञा दी गई। श्रुतियों पर ही स्वर निर्धारित किए गए। सङ्गीत मनीषियों एवं ऋषियों ने ऐसी 22 श्रुतियों का उल्लेख किया है। इन श्रुतियों में प्रत्येक की अपनी प्रकृति होती है। इनमें से कुछ श्रुति-नाम उग्रा, क्षोभिणी, दीप्ता, आलापनी, सन्दीपनी इत्यादि हैं। इन 22 श्रुतियों पर सात स्वरों का निर्धारण मानव शरीर के चक्रों के साथ होता है। मूलाधार, स्वाधिष्ठान, मणिपूर, अनाहत, विशुद्धि, आज्ञा, बिन्दु (आज्ञा चक्र से ऊपर ललाट पर स्थित) एवं सहस्रार बिन्दुओं पर क्रमशः षड्ज, ऋषभ, गान्धार, मध्यम, पञ्चम, धैवत एवं निषाद - ये सात स्वर स्थान हैं। सहस्रार पर तार–सां की स्थिति बताई गई है।

साङ्गीतिक स्वरों का सीधा सम्बन्ध मानव शरीर में स्थित चक्रों के साथ है। यह प्रभाव सङ्गीतविदों, साधकों तथा सामान्यजन - सभी व्यक्तियों पर भी पड़ता है। शरीर की नाड़ियों की संवाहक ग्रन्थि सुषुम्ना नाड़ी है, जिसमें ध्वनि या स्वर-लहरियों द्वारा कम्पन्न होता है और एक प्रकार की ऊर्जा का प्रवाह होता है। यह ऊर्जा सातों यौगिक चक्रों को प्रभावित करती है। इसका ज्ञान सङ्गीत मनीषियों ने बहुत पहले कर लिया था। हमारे ऋषिगण जो सङ्गीत के द्रष्टा थे, उन्होंने इसी आधार पर श्रुतियों एवं स्वरों की स्थापना की।

सङ्गीत में समय की इकाई को 'ताल' संज्ञा दी जाती है। व्युत्पत्ति के अनुसार 'ताल' शब्द *तल्* धातु में *घञ्* प्रत्यय लगाकर बनता है। पं० दामोदर कृत *सङ्गीतदर्पण* ग्रन्थ में ताल का 'ता' शङ्कर एवं 'ल' पार्वती या शक्ति का द्योतक है–

तकारे शङ्करः प्रोक्तो लकारः पार्वती स्मृता।
शिव-शक्ति-समायोगात्तालनामाभिधीयते॥

नन्दीश्वरकृत *भरतार्णव* में ताल की व्युत्पत्ति ताण्डव नृत्य के आदि वर्ण 'ता' और लास्य के आदि वर्ण 'ल' के आधार पर वर्णित है–

ताण्डवस्याद्यवर्णेन लकारो लास्यशब्द भाक्।
यदा संगच्छते लोके तदा तालः प्रकीर्तितः॥

सङ्गीत में स्वर एवं ताल का संयोजन होता है। स्वर, ताल एवं छन्दों का सम्बन्ध देवी-देवताओं से है। समस्त ब्रह्माण्ड लयगति से बँधा हुआ है। विश्वविधाता द्वारा सृजित समस्त प्रकृति में समय चक्र के जो निश्चित गति है वही सङ्गीत में ताल बनकर उसे उपयोगी, रसपूर्ण और स्थायी रूप देती है। सङ्गीत का अविभाज्य अङ्ग होने के कारण लय का संरक्षण एवं संवर्धन विश्व सङ्गीत की सभी धाराओं में आदिकाल से होता रहा है।

2.2 सङ्गीत-वाद्यों की उत्पत्ति

शास्त्रीय एवं लौकिक दोनों सङ्गीत-धाराएँ समानान्तर रही हैं। इन दोनों ही धाराओं में वाद्यों का साहचर्य सङ्गीत को बल देता है। श्रीधर पराञ्जपे के अनुसार "भरतकालीन नाट्य में सङ्गीत का अनिवार्य स्थान रहा है। नाटक आङ्गिक एवं सङ्गीत उसका अंग था। सङ्गीत का प्रयोग पात्र की प्रकृति, चित्तवृत्ति तथा अवस्था का सूचक होने के अतिरिक्त प्रसङ्ग के अनुसार जहाँ अभिव्यञ्जनाशक्ति क्षीण हो जाती है, वहाँ उसके प्रयोग किए जाने के सम्बन्ध में भरत का विधान है:"[4]

यस्तु काव्येन नोक्तं स्यात्तद्गीतेन प्रसाधयेत्।

---

4 *भारतीय सङ्गीत का इतिहास*, पृष्ठ 283

प्राचीन काल में सङ्गीत के लिए गान्धर्व संज्ञा का प्रयोग होता था। गान्धर्व में गीत के अनुकूल वाद्यों का प्रयोग होता था। वाद्य सङ्गीत को अभिव्यञ्जना शक्ति प्रदान करते हैं। नृत्य एवं नाटक में भी वाद्य सङ्गीत रस निष्पत्ति में सहायक होते हैं। रामायण तथा महाभारत काल में भी गीत के साथ सङ्गीत वाद्यों के प्रयोग की चर्चाएँ हैं।

पण्डित लालमणि मिश्र के अनुसार साङ्गीतिक ध्वनियाँ नरवज, वायुज, चर्मज, लोहज और शरीरज होती हैं। इन पाँच प्रकार की ध्वनियों को उत्पन्न करने वाले वाद्यों को पञ्चमहावद्यानि कहा गया है। इनमें से एक ईश्वर द्वारा निर्मित है जो नैसर्गिक है तथा अन्य चार प्रकार के वाद्य मानव रचित हैं। सङ्गीत के आदि ग्रन्थ भरतमुनि के *नाट्यशास्त्र* में सङ्गीत-वाद्यों का वर्णन निम्नवत् दिया गया है–

> ततं चैवावनद्धं च धनं सुषिरमेव च।
> चतुर्विधं तु विज्ञेयमातोद्यं लक्षणान्वितम्॥[5]

तत, अवनद्ध, घन और सुषिर ये चार प्रकार के वाद्य हैं। आतोद्य वाद्यों के सम्मिलित रूप के लिए कहा गया है फिर चतुर्विध वाद्यों के लक्षण दिए गए हैं। पाश्चात्य देशों में भी वाद्यों को अवनद्ध (percussion) सुषिर (wind) एवं तत (stringed) में वर्गीकृत किया गया है।

तत वाद्यों के अन्तर्गत वे वाद्य आते हैं, जिनमें तन्त्रियाँ होती हैं। प्राचीन काल में मनुष्य तीर और धनुष की सहायता से जंगली जानवरों का शिकार करता था और अपने शत्रुओं का नाश भी। धनुष की टङ्कार शत्रुओं के आने की सूचना अथवा अन्य किसी खतरे का सङ्केत हुआ करती थी। सम्भवतः यही ध्वनि जो अनुरणनात्मक गूँज वाली होती थी, परवर्ती कालों में तत

---

[5] नाट्यशास्त्र 28.1

वाद्यों का आधार बनी। प्राचीनकाल से ही वीणा एक प्रमुख तन्त्री वाद्य रहा है। प्रारम्भ में इसका आकार बाँस के धनुष की तरह होता था। कालान्तर में इसके कई रूप प्रयोग में लाए गए। सितार, सरोद, तानपूरा ये सब अन्य प्रकार के तत वाद्य हैं।

अवनद्ध-वाद्य भीतर से पोले होते हैं और चमड़े या खाल से ढँके हुए या मढ़े हुए होते हैं। इनमें किसी हाथ, धातु अथवा लकड़ी द्वारा प्रहार करने से स्वर उत्पन्न होते हैं। ढोलक, तबला, मृदङ्ग, हुडुकी, दुन्दभि, पटह ये सभी अवनद्ध वाद्य हैं।

पेड़ों की मोटी जड़ों को खोखला कर उसपर चमड़ा लगाकर दुन्दुभि का निर्माण किया जाता है। इसी का एक प्रकार 'भूमि-दुन्दुभि' कहलाता था जिसकी गम्भीर आवाज दूर तक सुनाई देती थी, इसे भूमि में गड्ढा कर पशु की खाल से मढ़ कर दोनों तरफ लकड़ी से बाँध कर बनाया जाता था। इसको लकड़ी या पशुओं की पूँछ से पीटा जाता था। परवर्ती कालों में पुष्कर, मृदङ्ग, ढोलक, पखावज, पटह जैसे वाद्य दुन्दुभि के ही नव निर्मित रूप बने।

अवनद्ध वाद्य शास्त्रीय एवं लोक-सङ्गीत दोनों में ताल वाद्य के रूप में प्रयुक्त होते हैं। अवनद्ध वाद्यों पर बजने वाले बोल को 'पाट' कहा जाता है जिनकी संख्या 16 है– क, ख, ग, घ, ट, ठ, ड, ढ, ण, त, थ, द, ध, न, र, ह - इन अन्तरों को जोड़कर किण, खज, ठण, घण इत्यादि बोल बनते हैं। इनमें से पाँच मुख्य हैं जिनके सम्बन्ध में कहा जाता है कि वे भगवान शिव के क्रमशः सद्योजात, वामदेव, अघोर, तत्पुरुष एवं ईशान - इन पाँच मुखों से उत्पन्न हुए। परम्परानुसार इन पाँच पाटों के देवता क्रमशः ब्रह्मा, विष्णु, शिव, सूर्य एवं चन्द्र माने गये।

घनवाद्य श्रेणी के अन्तर्गत वे वाद्य आते हैं जिनमें धातु तथा काष्ठ द्वारा

आघात करने से स्वर उत्पन्न होते हैं। इन वाद्यों में काँसा, पीतल या लकड़ी का प्रयोग होता है। झाँझ, घुँघरू, करताल, मँजीरा, घण्टा और घण्टी इत्यादि इस श्रेणी के वाद्य हैं। इन वाद्यों में आघात द्वारा ठोकर लगाकर अनुरणन या गूँज की उत्पत्ति होती है परन्तु स्वरों की स्थिरता बहुत देर तक नहीं रहती। यद्यपि भारतीय शास्त्रीय सङ्गीत के साथ इनका सीधा सम्बन्ध नहीं था फिर भी पूजा-अर्चना के समय आरती के मन्त्रोच्चारण में घण्टा ताल या मात्रा दिखाने में सहायक होते थे। प्राचीनकाल में सङ्गीत को भगवत्प्राप्ति का साधन भी माना गया इसलिए इन वाद्यों को साङ्गीतिक ग्रन्थों में विशेष स्थान प्राप्त है। घुँघरू तो नृत्यप्रस्तुति का प्रमुख अङ्ग है। कीर्तन एवं भक्तिसङ्गीत में मँजीरा, करताल और घण्टी का प्रयोग भी किया जाता है।

सुषिर वाद्य वो हैं जिनमें फूँक या हवा द्वारा ध्वनि उत्पन्न होती है। वृक्षों की टहनियों में बने छिद्रों में वायु के संवहन से ध्वनि की उत्पत्ति देखी गयी। कालान्तर में लकड़ियों और पशुओं की हड्डियों में छिद्र बनाकर विभिन्न स्वर निकाले गए। एक लम्बी यात्रा तय करके इसी अवधारणा से अनेकानेक सुषिर वाद्य जैसे– हारमोनियम, बाँसुरी, शहनाई का निर्माण हुआ।

2.3 स्वर-वाद्य एवं ताल-वाद्य

सङ्गीत में वाद्यों के दो प्रकार प्रयुक्त होते हैं– स्वर-वाद्य एवं ताल-वाद्य। तन्त्री एवं सुषिर स्वर वाद्यों के प्रकार हैं। इनसे स्वर निष्पन्न होते हैं, जिन्हें तालों में निबद्ध करके गाया-बजाया जाता है। ताल में मात्राएँ होती हैं। एक मात्रा की ताल-क्रिया तथा दूसरी मात्रा की ताल-क्रिया के बीच के समय को 'लय' कहा गया है। लय की जागरूकता वैदिक काल में हो चुकी थी, परन्तु ताल का प्रयोग नहीं था। ताल को आनन्ददायक शक्ति माना गया है।

सङ्गीत के विकास क्रम में कई शैलियाँ विकसित हुईं, तालयन्त्रों में भी

परिवर्तन हुए और कई तालों का निर्माण हुआ। वैदिक काल में ऋचा एवं मन्त्रपाठ में छन्दों के अनुसार ताल-यन्त्र प्रयुक्त होते थे। भरत के समय पणव एवं मृदङ्ग विशेष स्थान रखते थे। वाल्मीकि रामायण, महाभारत, पुराणों तथा अन्य मध्यकालीन साङ्गीतिक ग्रन्थों में पटह का विस्तृत वर्णन हुआ है। शार्ङ्गदेव (13वीं शती) के समय तक पटह का स्थान ढोलक ने ले लिया। इस समय तक भारतीय सङ्गीत की महफिलों में पखावज, ढोलक एवं तबला, ये तीन महत्वपूर्ण ताल-वाद्य हो चुके थे। वादकों की विद्वत्ता एवं कला के प्रदर्शन के लिए नवाबों एवं राजाओं द्वारा प्रतियोगिताएँ होती थीं।

विभिन्न प्रदेशों में विभिन्न रूपों में लोक-सङ्गीत एवं लोक-नृत्य प्रचलित हैं, ये स्थान विशेष की सामान्य जनता की अभिरूचि, रहन-सहन, वातावरण पर आधारित होते हैं। इनके साथ बजाए जाने वाले ताल वाद्यों में भी भिन्नता है। जहाँ गम्भीर प्रकृति के सङ्गीत के लिए पखावज एवं मृदङ्ग उपयुक्त हैं, वहीं लोकसङ्गीत के गायन-वादन के लिए ढोल, ढोलक, नक्कारा की सङ्गति उपयुक्त होती है। लालमणि मिश्र के अनुसार–

> "जिस समय आल्हा तथा फाग में ढोलक, नौटंकी में नक्कारा, तमाशा में ढोलकी, कहारों के गाने में हुडुक बज उठते हैं, तब लय के मदमति झोंके मनुष्य के अंग-अंग को झुमा देते हैं। पंजाब के भाँगड़ा का डफ और चिमटा, गुजरात के गरबा एवं डाँडियों के डण्डे, बिहार के भील तथा सन्थाली नृत्य के मादल, छत्तीसगढ़ के गोड़, भाड़िया, सिल आदि जातियों के नृत्यों के ढोल तथा झाँझ आदि की ध्वनियों का वेग जब शनैः-शनैः बढ़ता है उस समय ऐसा प्रतीत होता है मानो शंकर की ताल पर सारा ब्रह्माण्ड नाच रहा है।"[6]

---

6 लालमणि मिश्र, *भारतीय सङ्गीतवाद्य* पृष्ठ 358

2.4 राग-रागिनी

'राग' सङ्गीत की स्वर वर्ण विभूषित रचना है। यह सङ्गीत की सर्वाधिक महत्त्वपूर्ण कल्पना है, जिसे आठवीं शताब्दी में मुनि मतङ्ग ने परिभाषित किया। उनके अनुसार जो स्वयं रञ्जित है वह स्वर है- *स्वयं रञ्जयते इति स्वरः*। स्वर, वर्ण एवं ध्वनि विशेष के भेद से जो स्वर समूह सहृदय के चित्त को रञ्जित करे, उसे सङ्गीतविदों ने राग कहा है। रागों में रञ्जकता एक आवश्यक तत्त्व है। रञ्जक उसे कहते हैं जो सुखदायक हो और चित्त को आनन्दित करने की शक्ति रखता हो। रञ्जकता एवं रसनिष्पत्ति राग के लक्ष्य हैं। प्रत्येक राग की अपनी प्रकृति होती है और वह किसी भाव विशेष का द्योतक होता है। इन स्वरों के समूह से धुनों एवं रागों की उत्पत्ति होती है, विभिन्न स्वर समुदाय में विभिन्न राग गाए बजाए जाते हैं। कालान्तर में सङ्गीत की विभिन्न शैलियाँ बनती चली गईं, जैसे– ध्रुपद, ख्याल, ठुमरी, गजल, होरी। इन सब में स्वरों के लगाव में भी भिन्नता होती है। प्रत्येक मनुष्य अपनी क्षमता के अनुसार सङ्गीत से रसों का उत्पादन करता है।

राग की प्रकृति के अनुसार राग-रागिनी वर्गीकरण, रागों का समय, गायन-वादन विधि- प्रायोगिक एवं सैद्धान्तिक दोनों रूपों में - का वर्णन हुआ है। यहाँ यह स्पष्ट किया जाता है कि रागों का समय निर्धारण उत्तर भारतीय सङ्गीत में होता है, दक्षिण अथवा कर्नाटक सङ्गीत में नहीं। प्रत्येक राग की अपनी प्रकृति होती है। प्रातःकालीन राग कोमल स्वरों वाले, दोपहर सामान्य स्वरों वाले तथा सायंकालीन राग शृंगार रस प्रधान होते हैं।

यद्यपि नियमबद्ध सङ्गीत का बीजारोपण वैदिक काल में ही हो गया था फिर भी उसका परिष्कृत रूप मध्यकाल में उभर कर आया। इस समय तक सङ्गीत प्राचीनकाल के कठोर नियमों से निकलकर सरलता की ओर

अग्रसर होने लगा। सङ्गीत में व्यापकता आने लगी। सङ्गीत सिर्फ एक वर्ग तक सीमित न रहकर विभिन्न जनजाति एवं क्षेत्रों में प्रसारित होने लगा। तत्कालीन रागों का स्वर विस्तार होने लगा।

आज दिल्ली, मथुरा में आभीरी, अहीर भैरव, अहीर ललित जैसे राग गाए-बजाए जाते हैं। आन्ध्री, गुर्जरी, सावेरी, बंगाली नामक राग तत्कालीन प्रदेशों में प्रचलित धुनों से लिए गए। पहाड़ी एवं माँण्ड जैसी लोकप्रिय धुनें जो रागों में सम्मिलित की गयीं, काँगड़ा एवं कुल्लू तराइयों से आई हैं। आज का अत्यन्त लोकप्रिय राग-भैरवी विवारा जाति की धुन थी। हिमालय की तराइयों से 'भैरव' राग की धुन भगवान शिव की उपासना के लिए गाई जाती थीं।

रागमाला चित्रकला मध्यकाल में विकसित एक भारतीय कला है जिन्हें रागों की माला कहा गया है। यह रागमाला चित्रकला भारतीय सङ्गीत, काव्य एवं चित्रकार की कल्पनाओं के बीच पुष्पित हुई। जम्मू, विलासपुर, काँगड़ा, कुल्लू, बासोली, गुलेर इन पहाड़ी क्षेत्रों के अतिरिक्त दक्षिण भारत में गोलकुण्डा, हैदराबाद एवं बीजापुर शैलियों में भी इसका निरूपण हुआ। हैदराबाद के सलारजंग म्यूजियम, मुम्बई प्रिन्स ऑफ वेल्स म्यूजियम, बड़ौदा म्यूजियम, वाराणसी भारत कला भवन, दिल्ली राष्ट्रीय संग्रहालय के अतिरिक्त अलवर, जयपुर, बीकानेर संग्रहालयों में ये चित्र सुशोभित हैं।

बाह्य देशों के कुछ सङ्गीतकारों ने भी भारतीय सङ्गीत को प्रभावित किया और कुछ इनसे प्रभावित भी हुए। साका, साका-इलाका, साका-मिश्रित, तुरुष्का जैसे बाह्य राग भारतीय रागों में सम्मिलित हो गये। स्वामी प्रज्ञानानन्द ने इन रागों के बारे में कुछ रोचक जानकारियाँ दी है। यथा –

"टक्का नामक एक विदेशी जन-जाति बुद्ध के पहले भारत आई एवं यहीं निवास करने लगी। राग टक्का का उल्लेख मुनि मतङ्ग ने भी अपने

> ग्रन्थ बृहद्देशी में किया है। कौशिक हिन्दुस्तानी सङ्गीत का एक राग प्रचलित था। इन दोनों रागों का मिश्रण करके राग 'टक्क-कौशिक' का निर्माण हुआ। मालवा जनजाति के साथ मालवा-राग आया उसे भी राग-कौशिक के साथ मिलाकर मालव-कौशिक, मालवी, मालवी-पञ्चम बने। आज का लोकप्रिय राग मालकौंस यहीं से लिया गया।"[7]

हमारे कवि सङ्गीत की सूक्ष्मता से भली-भाँति परिचित थे। इसलिए आज सङ्गीत की सकारात्मक ऊर्जा का उपयोग चिकित्सा विज्ञान में भी किया जा रहा है। इन रागों की विशेषताओं एवं गुणों पर प्रकाश डालते हुए नारद मुनि ने कहा है कि समयानुसार रागों को गाने बजाने से यथोचित लाभ होता है, अन्यथा दुःख एवं हानि होती है। मानव शरीर के त्रिदोषों (वात, पित्त एवं कफ) के निवारण हेतु वैदिक काल से ही सङ्गीत के केवल सौंदर्य पक्ष पर नहीं अपितु ध्वनि विज्ञान पर भी सम्यक् शोध किये गये हैं, तभी तो नाद योग की अवधारणा की गयी। नादयोग वह विज्ञान है जिसकी सहायता से ऋषियों ने आध्यात्मिक साधनाएँ की। व्यावहारिक रूप में भी हम देखते हैं कि जब मनुष्य बहुत परेशान या थका हुआ होता है तो सङ्गीत की मधुर ध्वनि उसे स्फूर्ति व शान्ति प्रदान करती है।

साङ्गीतिक शोधों द्वारा स्वर एवं मानव के सम्बन्ध के ऊपर सकारात्मक निष्कर्ष प्राप्त हुए हैं। किम्वदन्ती है कि तानसेन जब राग-दीपक गाते थे तो उनके पास दीपक स्वयं प्रज्ज्वलित हो जाते थे। सुनने में यह कपोल कल्पना ही लगती है लेकिन इसके मूल रूप में इस सत्य को तो मानना पड़ेगा कि पञ्चभूत में निहित अग्नि-तत्त्व के साथ यदि स्वर की आत्मा का संवहन होता हो, तो यह असम्भव नहीं।

---

[7] स्वामी प्रज्ञानानन्द, *A Historical Study of Indian Music*, p.131

रागों का ध्यानमूर्त्तियों में भी वर्णन किया गया है। जैसे पं० लोचन कृत *राग-तरङ्गिणी* में राग भैरव को शिव का रूप देते हुए उन्हें छन्दों में चित्रित किया गया है–

> जटाजूट गंग वसन सित अंग भुअंगम
> वदद कृतदेत वरद-वाह्न चढ़ि जंगम
>
> आसन गजबरखाल, धवल शशि भाल बिराजइ
> तीनि नयन, चितचभेन जपत, भावक-दुख माजइ
>
> करकलित शूल नृकपाल, अरू राग राज अतिमधुरव
> भैरव हर दुई नाहिं जग, जेंहि गावत सब समय सब।[8]

2.5 भक्ति सङ्गीत

सङ्गीत के ध्वनि विज्ञान का ज्ञान भक्ति के प्रचार में सहायक सिद्ध हुआ। वस्तुतः भारत के साङ्गीतिक इतिहास में संत कवियों का विशेष योगदान रहा है। इनकी साहित्य एवं सङ्गीत की विभिन्न शैलियाँ प्रचुर मात्रा में लोकप्रिय रही हैं। सङ्गीत के मर्मज्ञ संत कवियों की वाणी एवं स्वर एक-दूसरे के पूरक बने जिसमें ताल की विशेष भूमिका होती थी। भजन, कीर्तन, नीति के दोहे में शब्द, ताल एवं स्वरों का समन्वयन भाव प्रदर्शन के लिए सहायक बना। सूरदास, मीराबाई, रैदास, नन्ददास, चैतन्य महाप्रभु सभी ने साहित्य एवं सङ्गीत को जोड़ा। सिख गुरुओं ने 'गुरबानी' के माध्यम से अपनी बाते रखीं, तो पूर्वी क्षेत्र में चैतन्य महाप्रभु ने कथा-कीर्तन द्वारा वैष्णव भक्ति का प्रचार किया। मीरा ने अपनी आराधना पदों एवं भजनों में निबद्ध कर कृष्ण को समर्पित किया। 'मेरे तो गिरिधर गोपाल दूसरो ना कोई', 'मनवा भज मथुरा

---

[8] राग तरङ्गिणी, प्रथम तरङ्ग, पृ० 6

हरी नाम', 'म्हारो प्रणाम बाँके बिहारी जी' जैसे भजन आज भी सर्वत्र गूँजते हैं। संत कबीर ने निर्गुण भक्ति के साथ साखी के रूप में - 'इस घट अन्दर सात समन्दर इसी में साँई हमारा' - अपने उद्गार लिखे। 'मैया मोरी मैं नहिं माखन खायो', 'प्रातः भयो जागो गोपाल' इस प्रकार कृष्ण को समर्पित सूरदास की पदावली वात्सल्य रस से ओत-प्रोत होकर राग-रागिणियों में तालबद्ध रची गयीं। सूफी संतों ने भी समाज के विभिन्न वर्गों तक अपनी वाणी सङ्गीत के माध्यम से पहुँचाकर सम्मान प्राप्त किया।

गोस्वामी तुलसीदास (सं॰ 1589-1680) के समकालीन साङ्गीतिक परिस्थितियों का अवलोकन करें तो स्पष्ट होता है कि मुगल बादशाहों ने सङ्गीत के कलाकारों को विशेष स्थान दिया। अकबर के काल को तो सङ्गीत की दृष्टि से स्वर्णयुग कहा गया है। उसके नवरत्नों में सङ्गीतज्ञ भी शामिल थे। तुलसीदासजी ने राम-भक्ति से सम्बन्धित रचनाओं, साहित्य एवं सङ्गीत को मुक्ति का मार्ग माना। इन्होंने *दोहावली, कवितावली, गीतावली* के पदों के अतिरिक्त विश्वप्रसिद्ध रामचरितमानस ग्रन्थ की रचना की। पूर्णतः सङ्गीतमय यह ग्रन्थ एक नवीन कल्पना, नए भावों एवं सत्य का मार्ग बना। सङ्गीत एवं साहित्य जब एक दूसरे के पूरक बनकर नवीन रचनाओं का सृजन करते हैं, तो मानव के सहृदय स्वभाव पर विशेष प्रभाव डालते हैं। कठिन भाषा की परिपक्वता निःसंदेह है पर वह एक विशिष्ट वर्ग को ही प्रभावित करती है। रामचरितमानस की सबसे बड़ी विशेषता इसकी अवधी भाषा है, जो कि समाज के सभी वर्गों के लिए साध्य रहा। एक ओर अध्यात्म एवं नीतिपरक, दूसरी ओर कण्ठ साध्य, स्वर, ताल एवं छन्दों का साङ्गीतिक समन्वय – इस प्रकार ध्वनि एवं काव्य का यह अनोखा सम्मिश्रण है। वस्तुतः रामचरितमानस मानव जीवन का दिग्दर्शन है। समाज के प्रत्येक वर्ग ने चाहे शिक्षित या अशिक्षित हो इस ग्रन्थ को अपनाया, सराहा और जीवन के साथ जोड़ा।

सङ्गीत और जीवन को तुलसीदास ने कभी पृथक् नहीं समझा और यही कारण है कि रामचरितमानस की चौपाइयाँ एवं दोहे विभिन्न स्वरों में निबद्ध होकर समाज में खूब लोकप्रिय हुए। बालकाण्ड में 'घर-घर उत्सव बधावा', 'दुन्दुभि धुनि घन गरजति घोरा' जैसे गोस्वामी तुलसीदास के पद यह स्पष्ट करते हैं कि किस प्रकार उनके जीवन से तत्कालीन सङ्गीत सम्बन्धित था। सङ्गीत उनके दैनिक जीवन में, उत्सवों में, पूजा अर्चना में, मङ्गल एवं स्तुति सर्वत्र व्याप्त था–

> होंहि सगुन बरसहिं सुमन सुर दुन्दुभि बजाई।
> बिबिध बधू नाचहिं मुदित मन मंगल गाई॥[9]

इन प्रसङ्गों से गायन, वादन तथा नृत्य-सङ्गीत की तीनों विधाओं का बोध होता है। गोस्वामी तुलसीदास जी ने तालवाद्यों एवं स्वरवाद्यों का उल्लेख कई स्थानों पर किया है। विभिन्न प्रसङ्गों में विशेषतः जहाँ उत्सव एवं हर्षोल्लास को दर्शाया गया है वहाँ सङ्गीत वाद्यों की चर्चा की है। डॉ॰ अरुण सेन के शब्दों में-

> "जिस प्रकार जीवन में निश्चित समय चक्र का अभाव सुख और समृद्धि का अभाव है, उसी प्रकार तालहीन विशृंखल सङ्गीत में सार्थकता नहीं। साहित्य में छन्द का एवं सङ्गीत में ताल का जन्म स्वाभाविक रूप से हुआ होगा।"[10]

साहित्य में छन्द का एवं सङ्गीत में ताल का जन्म प्रकृति की देन है। ऋतु, समय, सूर्योदय-सूर्यास्त का एक नियमित चक्र में होना मनुष्य के विकासशील मन को प्रभावित करते रहे। नदियों का प्रवाह, पत्तियों की झुरमुराहट,

---

9 रामचरितमानस, बालकाण्ड, दोहा 347

10 अरुण सेन, *भारतीय तालों का शास्त्रीय विवेचन*, पृ॰ 50

पक्षियों का कलरव, पत्तों पर वर्षा की बूँदों का गिरना जैसी क्रियाओं ने विकासशील मनुष्य के मन में लय की अनुभूति करवाई जो परवर्ती कालों में ताल के रूप में परिणत हो गई। साहित्य के छन्दों में भी मात्राएँ एवं लय विद्यमान रहते हैं। हर्ष एवं उल्लासपूर्ण शारीरिक चेतनाएँ नृत्य के रूप में प्रस्फुटित हुईं। ताली बजाकर हाथ-पैर फेंकना आदिमानव की स्वाभाविक क्रिया थी। वैदिक काल, महाकाव्य काल, प्राचीन, मध्यकाल के कवियों ने ताल, छन्द एवं शब्दों का यथोचित विन्यास करके अपनी रचनाओं को परिष्कृत रूप दिया है। रामचरितमानस प्रारम्भ से ही एक गेय काव्य के रूप में लोकप्रिय हुआ है।

इस ग्रन्थ की लोकप्रियता केवल भारत ही नहीं वरन् विदेशों में भी पायी जाती है। सुप्रसिद्ध सङ्गीतकार उमेश जोशी ने अपनी पुस्तक में कई विदेशी विद्वानों के मत दिए हैं, उनमें से कुछ नीचे व्यक्त हैं–

> 'उनके (तुलसीदास के) काव्य ने मानवता का स्तर काफी ऊँचा दिया था। प्रसुप्त मानव को उन्होंने झकझोर करके जगा दिया था। उनकी नींद इतनी गहरी हो चुकी थी कि यदि तुलसी का सङ्गीतमय काव्य प्रस्तुत न होता तो न मालूम मानवता का क्या रूप होता - थोमस आस्टन।'[11]

> 'तुलसीदास का जन्म मुगलकाल में हुआ और उस समय सामाजिक स्थिति को सङ्गीतमय बनाने में उस महान् कवि का विशेष हाथ रहा। अकबर के दरबार में सङ्गीतज्ञ थे, किन्तु उनकी भारतीय सङ्गीत की आत्मिक दृष्टि उतनी उत्कृष्ट नहीं हुई थी जितना कि इस महान् कवि की कृतियों से हुई - अमेरिकी विद्वान् किलजेडीन *Tulsidas and His Literature* में ।'[12]

---

[11] उमेश जोशी, *भारतीय संगीत का इतिहास*, पृ० 300

[12] उपरिवत्, पृ० 302

fig. 2.1: ढोल प्राचीन काल से ही भारत की संस्कृति का अभिन्न अंग रहा है

2.6 ढोल की बनावट एवं वादन विधि

भारतीय सङ्गीत में प्राचीन काल से ही तालवाद्यों का निरन्तर प्रयोग एवं विकास होता रहा है। वैदिक काल में दुन्दुभि, भू–दुन्दुभि, भेरी, मृदङ्ग, डिण्डिम इत्यादि ताल वाद्य वर्णित हैं। ऋग्वेद के छठे मण्डल में 6.47.29 से 6.47.31 तक तथा अथर्ववेद में 45.20.4 से 5.20.6 तक दुन्दुभि नामक वाद्य का उल्लेख है। सङ्गीत के आदि ग्रन्थ भरतमुनि कृत नाट्यशास्त्र में मृदङ्ग की चर्चा है। प्राचीन काल में प्रयुक्त तालवाद्यों का परिवर्तित एवं परिवर्धित रूप मध्यकाल में प्राप्त होता है। परवर्ती मध्यकालीन ग्रन्थों में मृदङ्ग, पटह, नगाड़ा, खोल, माँदल, डफ तथा तबला वर्णित हैं। इनमें से प्रायः सभी आज भी प्रयोग में लाए जाते हैं।

मध्यकाल में लिखे गए सङ्गीत के ग्रन्थों में यह स्पष्ट किया गया है कि ढोलक को प्राचीन काल में 'पटह' कहा जाता था। 'मृदङ्ग' का प्रयोग शास्त्रीय सङ्गीत के साथ तथा 'पटह' का प्रयोग शास्त्रीय एवं लोक दोनों ही सङ्गीत धाराओं में होता था।

यद्यपि 'ढोल' शब्द सङ्गीत के ग्रन्थों में नहीं प्राप्त होता है लेकिन आज भी यह एक लोकप्रिय वाद्य है। अन्य अवनद्ध-वाद्यों की तरह ही यह भी हाथ अथवा किसी अन्य वस्तु के प्रहार से बजाए जाते हैं। ढोल खुले बोलों का वाद्य है और यह शास्त्रीय सङ्गीत के बन्धनों से परे लोक सङ्गीत की स्वच्छन्द प्रकति के रस निरूपण में सहायक होता है। इसमें कोई सन्देह नहीं है कि लोकसङ्गीत ही मनुष्य के हृदय के निकट होता है। लोकसङ्गीत के वाद्यों की समस्त सामग्री प्रकृतिजन्य होती है जिसमें मिट्टी, काठ एवं खाल मुख्य होते हैं। अन्य ताल वाद्यों में ढोलक, ढोलकी, डफ, हुडुक है। एकल वाद्य की अपेक्षा इनका सङ्गत ताल वाद्य के रूप में विशेष महत्त्व है। इसलिए इसका प्रयोग भजन, सुगम सङ्गीत एवं लोकसङ्गीत में भाव प्रदर्शन एवं सरसता

प्रदान करता है। लोकसङ्गीत में इसकी ओजपूर्ण ध्वनि हर्षोल्लास एवं उन्माद उत्पन्न करने में सहायक होती है। लोक सङ्गीत में अन्य स्वर वाद्य झाँझ, मंजीरा, बाँसुरी का प्रयोग होता है।

प्राचीन काल में अवनद्ध-वाद्य मिट्टी, काँसा या ताँबे के बने होते थे। कालक्रम में परिवर्तन के साथ मिट्टी के स्थान पर लकड़ी का प्रयोग (ढोलक आम, बीजा, शीशम, सागौन, नीम, जामुन इत्यादि) होने लगा। ढोलक की लम्बाई डेढ़ से ढ़ाई हाथ के करीब होती है। बीच का भाग उठा हुआ होता है। भीतर से खोखला होता है। दोनों मुखों अर्थात् दक्षिण और वाम मुखों पर चमड़ा मढ़ा होता है। चमड़े की बद्धी जिसमें लोहे के छल्ले लगे होते हैं उनसे यह कसे जाते हैं। दोनों मुखों पर स्याही या लेप लगाया जाता है जो स्वरों में गूँज उत्पन्न करने में सहायक होता है। यहाँ पर यह उल्लेखनीय है कि स्याही का प्रयोग भारतीय अवनद्ध-वाद्यों को विश्व के विभिन्न अवनद्ध वाद्यों से अलग करता है। गूँज की वृद्धि के लिए विशेष लेप लगाने की व्यवस्था का वर्णन भरतमुनि के नाट्यशास्त्र में भी प्राप्त है। यह अवनद्ध वाद्यों को अनुरणनात्मक ध्वनि में श्रेष्ठता प्रदान करता है। प्राचीन काल में मिट्टी या गेहूँ के आटे का लेप लगाया जाता था, बाद में लौह-चूर्ण, कोयला आदि का लेप लगाया जाने लगा। ढोलक का दाहिना मुख ऊपर के स्वरों में बोलता है, बायाँ मुख नीचे के स्वरों में।

ढोलक का एक रूप 'नटों की ढोलक' है जो लकड़ी से बनी होती है। इसका मादा भाग अर्थात ऊँचा स्वर हाथ से तथा नर भाग अर्थात नीचा स्वर डंडी द्वारा बजाया जाता है। प्राचीन काल में हरिण के सींग से तथा हाथ - दोनों से ये वाद्य बजाए जाते थे। अब हाथ से बजाना अधिक प्रचलित है।

ढोल एक बड़ा ही लोकप्रिय वाद्य है, जिसका उपयोग प्राचीन काल से ही लगभग पूरे देश में, कर्णाटक से लेकर कश्मीर तक होता रहा है। इसका

उपयोग न केवल सङ्गीत के प्रसङ्ग में बल्कि युद्ध, परिहास, तथा दार्शनिक स्तर पर हुए हैं। लोक गीतों और लोक नृत्यों में इसे स्त्री व पुरुष बराबरी से बजाते हैं। ढोल के रूप और उपयोग क्षेत्रीय रंग के अनुसार तरह-तरह के अवसरों पर अलग-अलग सुरों के साथ ताल देने में सक्षम हैं।

रामचरितमानस में 'ढोल' शब्द का उपयोग कुल पाँच बार हुआ है। पहली बार 'ढोल' शब्द का प्रयोग गोस्वामी तुलसीदास जी ने 'बालकाण्ड' में श्री राम द्वारा धनुष टूटने की प्रसन्नता को अभिव्यक्त करने के लिए किया है–

झाँझि मृदङ्ग संख सहनाई।
भेरि ढोल दुन्दुभी सुहाई ॥[13]

इससे यह प्रतीत होता है कि ढोल का प्रयोग अन्य वाद्यों के साथ साज के रूप में भी हुआ करता था। हालाँकि ढोल भी मृदङ्ग की तरह का ही वाद्य है, परन्तु उसकी यहाँ अन्य वाद्यों के साथ उपयोग से यह सिद्ध होता है कि उसकी अलग से पहचान बन चुकी थी।

दूसरी जगह तुलसीदास जी ने 'ढोल' शब्द का प्रयोग 'अयोध्याकाण्ड' में उस समय किया जब निषादराज भरत के विरुद्ध युद्ध की तैयारी में थे, क्योंकि उनका अनुमान था कि भरत संभवतः राम के विरुद्ध सेना लेकर जा रहे थे। अपनी सेना की टोली या टुकड़ी को सुसज्जित देखकर तुलसीदास निम्नलिखित चौपाई में अपने विचार व्यक्त करते हैं–

दीख निषादनाथ भल टोलू।
कहेउ बजाउ जुझाऊ ढोलू ॥[14]

---

13 रामचरितमानस, बालकाण्ड 262.1

14 उपरिवत्, अयोध्याकाण्ड 191.2

यहाँ पर ढोल सेना को उत्तेजित करने वाले तालों का संवहन करते हुए एक जुझारू ताल प्रस्तुत करने में समर्थ है। तीसरी बार तुलसीदास जी ने ढोल को ताली के साथ लङ्का में बजवाया है, जब राक्षस हनुमान जी की पूँछ में कपड़ा व तेल लगाकर नगर में उनको भ्रमण करा रहे थे, तथा उनकी खिल्ली उड़ा रहे थे –

> बाजहिं ढोल निसान जुझाऊ।
> सुनि धुनि होइ भटिन्ह मन चाऊ॥[15]

इससे पता चलता है कि ढोल बच्चों या जन साधारण की लय धुन, ताली, चाप इत्यादि में मिलकर हर्षोल्लास के माहौल में भी प्रासङ्गिक हो सकता है।

चौथी बार 'ढोल' शब्द का उपयोग तुलसीदास ने 'सुन्दरकाण्ड' (58.3) में एक गूढ़ दार्शनिक रहस्य के सन्दर्भ में किया है जो कि इस पुस्तक का आधार है –

> ढोल गँवार शूद्र पशु नारी।
> ये सब ताड़न के अधिकारी॥

पाँचवीं और आखिरी बार तुलसीदास ने 'ढोल' शब्द का प्रयोग 'लङ्काकाण्ड' में किया है। इस प्रसङ्ग में ढोल से शत्रु के हृदय को दहलाने वाली प्रचण्ड ध्वनि की बात कही गई है–

> बाजहिं ढोल निसान जुझाऊ।
> सुनि धुनि होइ भटिन्ह मन चाऊ॥[16]

समग्र रूप से देखने से यह स्पष्ट हो जाता है कि ढोल एक ध्वनि के प्रभाव

---

15 रामचरितमानस, लङ्काकाण्ड 24.4

16 उपरिवत्, लङ्काकाण्ड 40.2

को प्रकट करने का एक बहु आयामीय उपकरण है। संत तुलसीदास ने रामचरितमानस की रचना वेद, पुराण, आगम, निगम जैसे सारे ग्रन्थों को भलीभाँति आत्मबोध करके ही किया था। सम्भवतः इसी कारण से गोस्वामी तुलसीदास जी ने 'ढोल' शब्द का प्रयोग पञ्चभूतों की भाषाभिव्यक्ति के लिए किया है। अतः उनकी चौपाई में ढोल को आकाश तत्त्व की ध्वनि तन्मात्रा के रूप में लेने की आवश्यकता है।

भारतीय परम्परा में जगत सृष्टि के आधार शिव हैं। उनको कई रूपों में आराध्य माना गया है। शिव ध्वनि हैं, स्वयम्भू हैं। नटराज के रूप में शिव का स्वरूप सम्पूर्ण काल एवं ब्रह्माण्ड का प्रतीक है। समस्त देवताओं में श्रेष्ठ महामृत्युञ्जय देवाधिदेव महादेव का प्रमुख रूप 'रुद्र' माना गया है। *रौद्रयते इति रुद्रः* – यानि रुदन से संरक्षण करने वाले को रुद्र कहते हैं। वेदों में मृत्युञ्जय रुद्र के अमृत कलश थामे तीन नेत्र वाले रूप की व्याख्या मिलती है। इनका एक नेत्र सूर्य, दूसरा चन्द्र और तृतीय नेत्र अग्नि का प्रतीक माना गया है। इन तीन नेत्रों को संकेत करते हुए 'त्र्यम्बकम् यजामहे' मन्त्र पुकारा जाता है। शिव कल्याण स्वरूप, भक्तों का ताप हरण करने वाले, दुःख दूर करने वाले, पुष्कर आकाश स्वरूप पुष्प लोचन के समान खिले हुए नेत्र वाले, सदाचार श्रेष्ठ आचरण वाले, संहारकारी, कल्याण निकेतन, महेश्वर हैं।

शिव के दाहिने हाथ का डमरू ब्रह्माण्ड की लयगति का द्योतक है। डमरू प्रथम नाद माना जाता है जिसकी तरङ्गों से ही स्थूल जगत् का उद्धरण हुआ है। इस नाद के साथ शिव-ताण्डव ही जगत की रचना का प्रारम्भिक स्रोत है। अर्थात यह प्रसङ्ग भी संसार की उत्पत्ति को आकाश तत्त्व की तन्मात्रा ध्वनि से इङ्गित करता है। ये भी एक संयोग की बात है की शिव पुत्र गणेश शिव के डमरू की रीति को आगे बढ़ाते हुए पखावज बजाते दिखाए जाते हैं, जो

कि ढोल से काफी मिलता जुलता वाद्य यन्त्र है। क्या ढोल डमरू का ही एक विकसित रूप है? इसके अतिरिक्त क्या यह भी सम्भव है कि 'ढोल' शब्द की उत्पत्ति भी डमरू → ढोरु → ढोलू → ढोल है? वैसे तो अभी अधिकतर यह माना जाता है कि 'ढोल' शब्द की उत्पत्ति फारसी शब्द 'दुहुल' से हुई है, परन्तु ये धारणा यह मानकर चलती है कि आर्य यूरोप से ईरान के रास्ते से भारत आए, और भाषा तथा वैदिक सभ्यता साथ लेकर आए। नई जनसांख्यिक अनुवांशिकी शोधों तथा भौगोलिक चित्रणों के आधार पर ये धारणा खरी नहीं उतर रही है।

आधुनिक शोध के अनुसार दक्षिणी अफ्रीका को छोड़कर लगभग सारे संसार की जनसंख्या (और सभ्यता) का स्रोत भारत ही है। अतएव ढोल, ध्वनि, आकाश, प्राण, तथा शिव के आधार वाला संसार भारत से निकलता है। कॉस्मोलॉजी या ब्रह्माण्ड विज्ञान की कथाओं के अनुसार मनु या आदि मनु ही मानव जाति के जनक हैं जो अवध क्षेत्र के माने जाते हैं। उनके पुत्र इक्ष्वाकु से सूर्यवंश तथा ईला से चन्द्रवंश प्रसिद्ध है। इस प्रकार भी संसार की सभ्यताओं का मूल भारत एवं अवध क्षेत्र है। तुलसीदासजी का 'ढोल' शब्द का प्रयोग इन विभिन्न कारणों को समवेत करके जनसाधारण को उसकी ही परम्पराओं के शब्द, रीति-रिवाज, तथा वस्तुओं के द्वारा सरल तथा उपयुक्त भाव को प्रदर्शित करता है। इति ॥

सन्दर्भ-ग्रन्थ-सूची

जोशी, उमेश, *भारतीय सङ्गीत का इतिहास*, कल्पना प्रकाशन, दिल्ली-110033.

पराञ्जपे, श्रीधर, *भारतीय सङ्गीत का इतिहास*, चौखम्बा विद्याभवन, वाराणसी, 2010.

प्रज्ञानानन्द, स्वामी, *A Historical Study of Indian Music* (Second edition), Munshiram Manoharlal Publishers Private Limited, New Delhi, 1981.

मिश्र, लाल मणि, *भारतीय सङ्गीत वाद्य* (पञ्चम संस्करण), भारतीय ज्ञानपीठ, 2019.

सिंह, ठाकुर जयदेव, प्रेमलता शर्मा (सम्पा०) *भारतीय सङ्गीत का इतिहास*, विश्वविद्यालय प्रकाशन, वाराणसी, 2016.

सेन, अरुण, *भारतीय तालों का शास्त्रीय विवेचन*, मध्यप्रदेश हिन्दी ग्रन्थ अकादमी, 1973.

3

'गँवार' या भारत की सभ्यता, संस्कृति एवं धर्म का आधार?

उमेश कुमार सिंह[1] *एवं बलराम सिंह*[2]

विश्व की सबसे प्राचीन सभ्यताओं में से एक भारत का इतिहास हजारों वर्ष पुराना है। स्वाभाविक है कि समाज में आर्थिक एवं सामाजिक चिन्तन तथा इससे सम्बन्धित वस्तुस्थिति भिन्न-भिन्न कालखण्ड के अनुसार बदलती रहती है। परिवर्तनशील स्थिति के बाद भी भारतीय समाज के ऐसे बहुत से मूलतत्त्व हैं जो कभी नहीं बदले। इन मूलतत्त्वों में ही यहाँ का धर्म, सभ्यता एवं संस्कृति हैं। इन तीनों के मूल में भारत के गाँव और उनकी ग्रामीण संस्कृति है। गाँव भारत की अर्थव्यवस्था की रीढ़ हैं। गाँवों के द्वारा उत्पादित अन्न से ही नगर के लोग अपना पेट भर पाते हैं। इसके बाद भी ग्रामीण व्यक्ति को 'गँवार' कहकर उपेक्षित किया जाता रहा है। गोस्वामी तुलसीदास जी की चौपाई 'ढोल गँवार शूद्र पशु नारी, सकल ताड़ना के अधिकारी' का भी गलत अर्थ करते हुए बुद्धिजीवियों का एक बड़ा वर्ग गाँवों को अपमानित करने का कोई भी अवसर नहीं छोड़ता है। इसलिए यह आवश्यक है कि गाँव और उसके

1 Assistant Professor, School of Indic Studies, Institute of Advanced Sciences (INADS), Dartmouth, USA

2 Director, Botulinum Research Center & President, Institute of Advanced Sciences, Dartmouth, MA 02747, USA.

निवासी दोनों की, राष्ट्र के उत्कर्ष में भूमिका को सबके समक्ष प्रस्तुत किया जाय ताकि लोग साहित्य के अर्थ का अनर्थ न करके वस्तुस्थिति को सही रूप में जानें और तदनुरूप व्यवहार करें।

3.1 गँवार कौन है?

गोस्वामी तुलसीदास जी की चौपाई में उल्लिखित 'गँवार' शब्द का विश्लेषण आवश्यक है। गँवार और 'नागर' भी वैसा ही है जैसा कि अंग्रेजी का cowboy और citizen. शाब्दिक दृष्टि से देखा जाय तो गँवार का अर्थ है गाँव में रहने वाला और नागर का अर्थ है नगर में रहने वाला किन्तु इन दोनों शब्दों का लाक्षणिक अर्थ बदल जाता है। गँवार का अर्थ मूर्ख और अशिष्ट समझा जाता है और नागर का अर्थ चतुर और सभ्य, सुसंस्कृत समझा जाता है। इन दोनों शब्दों से इनके मूल से भिन्न अर्थ क्यों और कैसे जुड़ गया यह भी जानना आवश्यक है। सम्भवतः यह उसी तरह है जैसे कुछ लोग यदि पढ़ लिखकर अधिक विकसित हो जाते हैं तो शेष पीछे रह गए व्यक्तियों से खुद को अधिक चतुर मानने लगते हैं और उनमें एक अतिरिक्त अहङ्कार आ जाता है। जबकि किसी का विकसित और पिछड़ा होना उसके अपने परिश्रम के अतिरिक्त देश, काल और निजी परिस्थितियों पर भी निर्भर करता है। कई बार व्यक्ति नहीं अपितु समूह के लोगों का भी स्वभाव व्यवसाय आदि के कारण एक जैसा हो जाता है जिसके कारण अन्य समूह के लोग उस समूह के बारे में सही या गलत धारणा बना लेते हैं। यहाँ उदाहरण के लिए रामाज्ञा द्विवेदी 'समीर' के द्वारा निर्मित अवधी कोश में 'अहिर' शब्द के अर्थ का उल्लेख करना प्रासङ्गिक है। 'अहिर' शब्द का अर्थ करते हुए कोश में लिखा गया है कि "गाय भैंस पालने वाला; एक हिन्दू जाति जिसके लोग उजड्ड, पर सीधे होते हैं।" यहाँ 'उजड्ड, पर सीधे' पर ध्यान देना आवश्यक है।

गाय भैंस पालना तो अहीरों का प्राचीनकालीन व्यवसाय रहा है किन्तु 'उजड्ड, पर सीधे' अर्थ का निवेश कोशकार की किसी दुर्भावना से ग्रस्त होकर लिखी गई निजी राय नहीं है। यह कोशकार द्वारा आमजन के मन में बनी हुई धारणा का शब्दकोश में अभिलेखीकरण है। यही कारण है कि एक ओर 'उजड्ड' जैसा अपकर्ष बताने वाला विशेषण दिया गया तो वहीं 'सीधे' कहकर सकारात्मकता भी प्रदर्शित की गई है। अहीर जाति के विषय में अवधी भाषा में एक और कहावत प्रचलित है कि 'अन्न न मिलइ तो सेतुवा खाइ, मनई न मिलइ तो अहिरे से बतलाइ' अर्थात् जब बाकी सारे अन्न न मिल सकें तो सत्तू खाना चाहिए और यदि किसी अन्य व्यक्ति की सहायता न मिल पाए या कोई और सहायता करने के लिए तैयार न हो रहा हो तो अहीर से सहायता माँगनी चाहिए। यहाँ ध्यान देने योग्य है कि सत्तू झटपट खाने के योग्य बन जाता है और उसको खाने से बहुत देर तक भूख नहीं लगती है। यही भाव इस कहावत में अहीर के लिए भी प्रकट किया गया है कि वह जहाँ अन्य लोग सहायता करने में आनाकानी करेंगे वहाँ भी वह झटपट तैयार हो जाएगा। जहाँ अन्य लोग साथ छोड़कर पीछे हटना चाहेंगे वहाँ भी वह साथ डटा रहेगा। वर्तमान समय में लोग इस कहावत का मूल अर्थ न जानते हुए भी अहीरों का उपहास उड़ाने के लिए इस कहावत का प्रयोग करते हैं। सम्भवतः इसी तरह का अन्याय 'गँवार' शब्द के साथ हुआ है जिससे अब इस शब्द का अर्थ मूर्ख समझा जाने लगा है और नागर का अर्थ चतुर।

3.2 ग्रामीण सभ्यता की विशेषताएँ

भारतवर्ष में ग्रामीण सभ्यता की अपनी विशेषताएँ है जो विश्व में अन्य किसी जगह पर दुर्लभ हैं। इन्हें निम्नलिखित बिन्दुओं में स्पष्ट किया जा सकता है।

3.2.1 गाँव में प्रजा एवं प्रजापति

गाँव में बहुत सारी जातियाँ ऐसी होती हैं जिन्हें 'प्रजा' कहा जाता है। किन्तु इन्हीं प्रजाओं में से एक जाति को 'प्रजापति' भी कहा जाता है। उत्तर प्रदेश के गाँवों में मिट्टी के बर्तन बनाने वाले कुम्हार को 'प्रजापति' कहते हैं। उत्तर भारत में प्रजा की श्रेणी में निम्नलिखित जातियाँ आती हैं–

1. नाई	5. खरवार	9. माली	13 बढ़ई
2. धोबी	6. कोंहार	10. बारी	14. हरवाह
3. भूँज	7. नट	11. तेली	15. सिरवार[3]
4. कहार	8. ठठेर	12. लोहार	16. खटिक[4]
17. दर्जी	19. मुसहर[5]	21. बहुरुपिया	23. महापात्र

3 हरवाह और सिरवार अलग जातियाँ नहीं होतीं बल्कि ये दोनों काम हैं जिन्हें प्रजावर्ग की किसी जाति के द्वारा किया जाता है। किन्तु विवाह आदि के समय उपहार के लिए इनकी प्रजा में गणना होती है।

4 खटिया और कूँची बनाते थे।

5 दोने और पत्तल का व्यवसाय करते थे।

18. हेला 20. रमजना[6] 22. गोस्वामी[7] 24. डोम

---

[6] गाँवों में 'रमजना' नामक जाति का व्यवसाय मनोरञ्जन करना होता था। अब ग्रामवासियों के मनोरञ्जन के साधन बदल जाने के कारण इस जाति के लोगों ने अन्य व्यवसाय अपना लिए हैं। इस जाति का नाम रमजना क्यों पड़ा इसके दो कारण हो सकते हैं। पहला कारण यह होगा कि वाल्मीकि रामायण की रचना के बाद भगवान राम के पुत्र लव और कुश ने भगवान राम के बारे में प्रजा को बताने और मनोरञ्जन के लिए इसका गायन किया। चूँकि रामायण लौकिक संस्कृत का प्रथम ग्रन्थ माना जाता है और लव और कुश ने सर्वप्रथम इसका गायन किया इसलिए प्रजा के मनोरञ्जन करने के लिए गायन और नाट्य अभिनय करने वाले लोगों को संस्कृत साहित्य में 'कुशीलव' का नाम दिया गया। इस व्यवसाय के अपनाने वालों को भी कुशीलव कहा गया। कुश और लव भगवान राम की सन्तान थे और रमजना का अर्थ भी है राम के द्वारा जन्मे हुए लोग। दूसरा कारण यह होगा कि प्रजा का रञ्जन करने के कारण इन्हें स्थानीय भाषा में रञ्जना कहा गया होगा जो कि बाद में रमजना बन गया होगा। कालान्तर में इस जाति का पतन हो गया और इस जाति की महिलाएँ कंजर जाति की तरह मनोरञ्जन और वेश्यावृत्ति में जाने के लिए विवश हुईं। अब इस जाति ने लगभग पूरी तरह अपना पारम्परिक व्यवसाय छोड़ दिया है।

[7] गोस्वामी मूलतः ब्राह्मण होते हैं किन्तु कहीं-कहीं ये ब्राह्मणवर्ग से बहुत पिछड़ गए हैं इसलिए अब इनको क्षेत्र के आधार पर अन्य पिछड़ा वर्ग तथा अनुसूचित जाति के अन्तर्गत रखा जाता है। पहले ये राज्य/रियासतों के बीच में राजकीय सन्देश पहुँचाने का काम करते थे जो कि मध्यकाल में गुमाश्ता का काम होता था। स्थानीय स्तर पर क्षत्रिय परिवारों के बीच सन्देश वहन का कार्य पुरोहित के माध्यम से सम्पन्न होता था तो ग्रामीण स्तर पर विवाह और तेरही आदि का न्यौता बाँटने के लिए नट और नाई जिम्मेदार होता था।

3.2.2 अन्य व्यावसायिक जातियाँ

उपर्युक्त सभी जातियों के अतिरिक्त और भी बहुत सी जातियाँ हैं जिनको गाँव की दृष्टि से प्रजा की श्रेणी में तो नहीं रखा जाता किन्तु इनके अपने व्यवसाय होते हैं जिनके कारण यह पूरी तरह आत्मनिर्भर जातियाँ होती थीं। प्रजा मानी जाने वाली जातियों और व्यावसायिक जातियों के लोगों को सरकारी नौकरी खोजने की आवश्यकता नहीं होती थी। वे अपने जातीय व्यवसाय से ही अपना जीवन-यापन करने में सक्षम होते थे किन्तु अब इन जातियों के लोगों में भी सरकारी नौकरी की ललक देखी जाती है। इस कारण से इन आत्मनिर्भर जातियों के लोग भी सरकार पर आश्रित होने लगे हैं। ये व्यावसायिक जातियाँ निम्नवत् हैं–

1. कोइरी	4. गड़ेरिया	7. चमार	10. निषाद
2. कुर्मी	5. बनिया	8. केवट	11. धीवर[8]
3. अहिर	6. सोनार	9. मल्लाह	12. बुनकर

3.2.3 ठाकुर एवं ठाकुर साहब

गाँव में बड़ी रोचक व्यवस्था चलती है, यहाँ दो जाति के लोगों को ठाकुर कहा जाता है कहीं-कहीं तीन जातियों के लोग ठाकुर कहे जाते हैं। वैसे ठाकुर प्रायः क्षत्रियों को ही कहा जाता था किन्तु बाल काटने वाले नाई को भी ठाकुर कहते हैं। नाई को ठाकुर और नाई की स्त्री को ठकुराइन कहा जाता है। यदि किसी क्षत्रियजातीय को सम्बोधन में केवल ठाकुर कह दिया जाय तो वह बुरा मान जाएगा क्योंकि इससे नाई का बोध होता है। यदि

---

[8] केवट, मल्लाह, निषाद, और धीवर एक ही जाति से विकसित हुई जातियाँ हैं जिनका पारम्परिक व्यवसाय नदी में नाव चलाना तथा मछली पकड़ना होता है।

किसी क्षत्रियजातीय को सम्बोधित करना हो तो ठाकुरसाहब बोला जाता है। बिहार और बंगाल में ब्राह्मण भी ठाकुर कहे जाते हैं। विख्यात संगीतज्ञ पं० ओंकारनाथ ठाकुर भी ब्राह्मणजातीय ठाकुर थे। सम्भवतः भारत और बांग्लादेश के राष्ट्रगान के रचयिता रवीन्द्रनाथ टैगोर भी ब्राह्मणजातीय ठाकुर थे। इससे भिन्न अवध क्षेत्र में जब 'ठाकुर जी' या 'ठाकुर बाबा' कहा जाता है तो इससे भगवान राम का बोध होता है।

3.2.4 गाँव की बेटी, सारे गाँव की बेटी

वर्तमान में जबसे गाँवों में विकास पहुँचा है आधुनिक शिक्षा का प्रसार हुआ है तब से स्थिति बदल गई है; नहीं तो पहले गाँव की बेटी ब्याह हो जाने के बाद पूरे गाँव की बेटी बन जाती थी। उसके विवाह में गाँव के गणमान्य लोग वर के पाँव पूजने जाते थें और जिस गाँव में उसका विवाह होता था उस गाँव में बेटी के गाँव के रिश्ते में जो लोग पिता और चाचा लगते थे पानी भी नहीं पीते थे भले ही वे किसी भी जाति के हों। ऐसा माना जाता था कि बेटी की ससुराल का पानी भी बेटी की सम्पत्ति है और बेटी का धन का उपभोग मायके के लोग नहीं कर सकते थे। इस कारण से जब बेटी की ससुराल में गाँव के किसी भी जाति के बड़े बुजुर्ग जाते थे तो वे उसके गाँव में भोजन, पानी और ठहरने की कोई भी सुविधा नहीं लेते थे, ऐसे में बेटी के ससुराल वालों के स्थान पर पड़ोस के गाँव के लोग उनके लिए ठहरने, खाने आदि की सारी व्यवस्था करते थे। आधुनिक शिक्षा और विकास के कारण अब यह रिश्ता तो समाप्त जैसा ही हुआ है बल्कि अब तो बेटी के परिवार और ससुराल के लोग भी अपने रिश्तेदारों की उचित परवाह नहीं करते हैं।

3.2.5 गाँव की अन्तर्जातीय नातेदारी

गाँवों में प्रायः सभी जातियों के लोग एक दूसरे के साथ विना किसी पारिवारिक

रिश्ते के भी रिश्तेदारी में जुड़े हुए होते हैं। ऐसा इसलिए कहा जा सकता है क्योंकि कुछ समवयस्कों को छोड़कर प्रायः सभी लोग एक दूसरे को भैया, काका, काकी, चाची, ताऊ आदि रिश्ते से ही पुकारते हैं। गाँव में कोई व्यक्ति किसी का नाम अनिवार्य होने पर ही लेता है। यदि कोई व्यक्ति किसी बच्चे के पिता की आयु का है तो वह बच्चा उसे भी अपने पिता के समान आदर देते हुए 'चाचा' या 'ताऊ' कहकर सम्बोधित करता है भले ही वह किसी और जाति का क्यों न हो। यदि कोई अधिक आयु का वृद्ध है तो सभी उसे 'बाबा' कहकर सम्बोधित करते हैं जबकि शहरों में ऐसा नहीं होता। शहरों में ऐसा व्यवहार वही लोग करते देखे जाते हैं जो किसी न किसी रूप में गाँव से जुड़े रहे होते हैं। अब जैसे-जैसे गाँव के लोग और उनके परिवार शहरों की ओर उन्मुख हो रहे हैं गाँव वालों का व्यवहार बदल रहा है। धीरे-धीरे गाँव भी शहर जैसे बनते जा रहे हैं।

पहले गाँवों में जब किसी के घर कोई छोटा बच्चा होता था और परिवार में देखभाल करने के लिए सदस्यों की संख्या कम होती थी तो बच्चे की देखभाल पड़ोसियों की सहायता से हो जाती थी, यहाँ तक कि उस बच्चे की माँ को यदि दूध कम होता हो या न होता हो तो दूसरे घर की स्त्रियाँ अपना स्तनपान कराकर बच्चे को पाल देती थीं किन्तु आज के शहरी परिवेश में ऐसी कल्पना करना भी असम्भव है।

3.2.6 गाँव का पुरोहित या सर्वमान्य विश्वासपात्र

गाँवों में आज भी पूरे गाँव का एक पुरोहित होता है। पुरोहित का सभी शुभ अवसरों पर प्रत्येक घर में निर्बाध प्रवेश होता है। गाँव के सारे स्त्री पुरुषों का अपने पुरोहित पर विश्वास होता था, वे जब किसी नैतिक अनिर्णय की स्थिति में पहुँचते थे तो पुरोहित के साथ सलाह करते थे और जो पुरोहित

की सलाह होती थी उसे मानकर आगे बढ़ जाते थे। गाँव में सारे घरों की स्त्रियाँ आज भी अपने कुलपुरोहित को घर के सदस्य की तरह मानती हैं और कई बार घर के बड़ों से सामान्य रूप से बात करने जहाँ उनको झिझक होती है किन्तु पुरोहित से अपने पिता की तरह कोई भी बात कह सकती हैं। पुरोहित आज भी पूरे गाँव का सगा होता है। पूरे गाँव में किसी भी घर का कोई भी माङ्गलिक कृत्य विना पुरोहित के सम्पन्न नहीं किया जाता है। शहरों में ऐसा होना दुर्लभ है। शहर में पौरोहित्य अब व्यवसाय की तरह हो गया है जिसमें प्रायः यजमान और पुरोहित दोनों का कर्मकाण्ड सम्पन्न हो जाने के बाद कोई व्यवहार नहीं रहता है जबकि इसके विपरीत गाँव में पुरोहित घर के सदस्य की तरह होता है।

3.2.7 नाई एवं पण्डित की अभिभावक जैसी भूमिका

अब तो ऐसा नहीं रह गया है किन्तु लगभग 100 साल पहले नाई एवं पण्डित/पुरोहित, गाँव के सारे अविवाहित युवकों-युवतियों के अभिभावक की तरह होते थे। घर वालों की तरह नाई और पुरोहित जब गाँव के किसी भी व्यक्ति की रिश्तेदारी में जाते थे तो वहाँ के युवक-युवतियों को भी देखकर आते थे और यह तुलना करते थे कि कौन-सा लड़का या लड़की अपने गाँव के किस लड़के या लड़की से विवाह के योग्य है। वे अपने यजमान की ओर से दूसरे पक्ष से विवाह की बात भी चलाकर आते थे और बाद में दोनों पक्ष मिलकर सारे कर्मकाण्ड पूरे कर लेते थे।

कभी कभार ऐसा भी होता था कि पुरोहित विना यजमान की जानकारी के यजमान की ओर से विवाह तय करके चले आते थे और दोनों पक्ष बाद में विवाह की प्रक्रिया को आगे बढ़ाते थे। यदि इस स्थिति की आज के समय से तुलना करें तो आश्चर्य होगा कि आज तो माँ-बाप के द्वारा तय किये हुए

विवाह को भी करने के लिए युवक-युवतियाँ तैयार नहीं होते तब का समाज कैसा रहा होगा कि जिन लोगों का परिवार से कोई रक्तसम्बन्ध नहीं होता था उनके द्वारा तय कर देने पर न केवल युवक-युवती बल्कि उनका पूरा परिवार विवाह के लिए मान जाता था।

गाँव के लोगों और अन्यजातीय पारिवारिक सम्बन्धों में इतना विश्वास होना मानव सभ्यता के चरम विकास को बतलाता है। आदिकाल में जब मानव कभी जंगलों में शिकारी रहा होगा तब से लेकर इतनी सभ्य सुसंस्कृत विश्वासपूर्ण सामाजिक संरचना क्या मानवीय विकास की पराकाष्ठा नहीं कही जा सकती?

3.2.8 गाँव की चौपाल या युवाओं की संस्कारशाला

पहले गाँव की चौपाल ही गाँव के सारे युवकों के लिए संस्कारशाला की तरह होती थी। चौपालों पर प्रायः गाँव के बुज़ुर्ग बैठा करते थे और उनकी नजर गाँव में चल रही हर गतिविधि पर होती थी। वे एक तरह से गाँव के CCTV कैमरे हुआ करते थे। उनके सान्निध्य में गाँव के युवक भी अपने व्यवहार के प्रति सावधान रहते थे। बुज़ुर्गों की चर्चाओं से उन्हें गाँव के अलिखित इतिहास के बारे में पता चलता था। जीवन के हर विषय क्षेत्र के अनुभव चौपालों पर जब बुज़ुर्ग बताते थे तो युवा पीढ़ी भी उनके अनुभवों से लाभान्वित होती थी। गाँव की खेती-बाड़ी से सम्बन्धित घाघ की कहावतों की कोई किताब नहीं छपी होती थी किन्तु बुज़ुर्गों के मुँह से सुनकर युवा पीढ़ी भी उनको याद रखती थी जिसके कारण जब गाँव की खेती युवा पीढ़ी के हाथ में आती थी तो वह खेती किसानी प्रारम्भ करने के पहले ही उसका सैद्धान्तिक और व्यवहारिक ज्ञान पा चुकी होती थी।

प्रायः ऐसा देखा गया है कि गाँव में भले ही कई जातियों के लोग रहते

हों किन्तु एक जाति के सारे लोग एक ही परिवार की सन्तानें हुआ करते हैं जिसके कारण भी सब एक दूसरे के रक्तसम्बन्धी होते हैं। चूँकि दूसरी जातियों के सारे लोग भी अन्य जातियों के साथ दशकों से रहते आए होते हैं इसलिए सभी के पारस्परिक निर्भरताएँ और सम्बन्ध हुआ करते हैं। चौपाल पर जब कई जातियों के बुजुर्ग बैठा करते थे तो सभी जातियों के युवक प्रचलित व्यवहार के अनुसार, दादा, काका आदि कहकर उनको सम्बोधित करते थे जिससे विना रक्तसम्बन्ध हुए भी सभी एक परिवार की तरह व्यवहार करते थे। अब गाँवों में चौपालें लगभग नहीं के बराबर बची हैं। चौपालों की जगह चौराहों ने ले ली है किन्तु कम मात्रा में ही सही पुराना व्यवहार आज भी बचा हुआ है।

3.2.9 बैना: एक लुप्तप्राय परम्परा

बैना उत्तर भारत के गाँवों की एक लुप्तप्राय परम्परा है जो गाँव की वृद्ध महिलाओं के साथ ही समाप्ति की ओर है। बैना को संस्कृत में 'वायन' कहते हैं। वायन वह नैवेद्य या मिठाई होती थी जिसे किसी उत्सव के अवसर पर किसी देवता या ब्राह्मणों को अर्पित किया जाता था। गाँवों में अब यह किसी के यहाँ बहू के द्विरागमन (गौना) और दोङ (दूसरी बार का गौना) के अवसर पर भेजा जाता है। इसमें जिस घर में बहू का आगमन होता है उस घर से मिठाई का टोकरा लेकर किसी श्रमिक महिला के हाथों गाँव के घर-घर में पहुँचाया जाता है। जिस घर में वह महिला वायन की मिठाई लेकर जाती है उस घर के लोग उसे अनाज भेंट करते हैं। वायन की यह मिठाई बहू के गौने में साथ में आती है जिसमें प्रायः बड़े-बड़े लड्डू होते हैं। पहले इसमें खाझा नामक मिठाई भी हुआ करती थी। खाझा का निर्माण बेसन की पट्टियों को चीनी के शीरे में डुबोकर किया जाता था। वायन को विन्ध्यक्षेत्र में 'पाहुर' के नाम से भी जाना जाता है।

3.3 गाँव में छुआछूतः एक अर्धसत्य

आधुनिक काल में अधिकांश पढ़े लिखे लोगों में ऐसा पूर्वाग्रह है कि गाँवों में जातीय भेदभाव अधिक है इसलिए छुआछूत अधिक है। इसमें कोई सन्देह नहीं है कि गाँवों में पहले छुआछूत होता था किन्तु इसका कारण जातीय न होकर पारिस्थितिक था। आज जिन जातियों के लोगों को दलित माना जाता है वे सभी छुआछूत से पीड़ित नहीं थे। विशेष रूप से जो लोग चमड़े का कार्य करते थे उनसे अन्य सभी जातियों के लोग सामाजिक दूरी बनाकर रखते थे। इसका कारण यह था कि चमड़े को अशुद्ध माना जाता था और चमड़े का कार्य करने वाला हो; अथवा चमड़े की कोई भी वस्तु धारण करने वाला हो दोनों का मन्दिर में प्रवेश निषिद्ध था। कोई ब्राह्मण भी चमड़े की चप्पल पहनकर या चमड़े की बेल्ट लगाकर मन्दिर के अन्दर प्रवेश करने का अधिकारी नहीं माना जाता था। आज यह सभी जानते हैं कि चमड़ा हो या मांस, मछली और अंडा आदि, इन सभी में हानिकारक जीवाणुओं का संक्रमण अधिक होता है। पहले के समय में जब महामारियाँ फैलती थीं तो गाँवों में परिवार के परिवार नष्ट हो जाया करते थे। मेरे बड़े पिताजी प्लेग के दिनों का संस्मरण सुनाते हुए बताते थे कि प्लेग से जब लोग मर जाते थे तो उनके शव का यथोचित संस्कार करने के लिए भी लोग नहीं मिल पाते थे। उन्होंने बताया कि गाँव में कोई व्यक्ति अपने पड़ोसी के शव को भी कन्धा देने के लिए तैयार नहीं होता था तब उन्होंने किसी आयुर्वेद विशेषज्ञ के द्वारा बताए हुए होम के धुंए का सेवन करके अपने कुछ साथियों की सहायता से गाँव के मृत लोगों के शव का अन्तिम संस्कार किया। उस समय लोगों में प्लेग का इतना अधिक भय व्याप्त था कि कोई अपनी जाति के लोगों के यहाँ भी जाना नहीं चाहता था। इसी तरह से गाँवों में छुआछूत का आरम्भ हुआ।

गोस्वामी तुलसीदास जी के समय में भी प्लेग फैला था और काशी में शवों का अम्बार लग गया था। सम्भवतः गोस्वामी तुलसीदास जी भी प्लेग से पीड़ित हुए और उससे निकली हुई गिल्टी से उनके हाथों में बहुत पीड़ा हुई और इससे मुक्ति पाने के लिए ही उन्होंने *हनुमानबाहुक* की रचना की। बाद में उनकी यह पीड़ा पूरे शरीर में फैल गई और इसे वे अपने पूर्वजन्म के कर्मों का फल मानते हुए स्वीकार कर लिए। इस रोग से अस्वस्थ होने से गोस्वामी जी का पूरा शरीर जर्जर हो गया और कुछ वर्षों के पश्चात् काशी में ही उनकी मृत्यु हो गई। गोस्वामी जी के समय में जब भारत में प्लेग फैला तो इसका प्रकोप लगभग आठ सालों तक रहा। इसका सहज ही अनुमान लगाया जा सकता है कि जब कोई महामारी लगातार आठ सालों तक बनी रहे तो जनता में छुआछूत अथवा सामाजिक दूरी कितनी आवश्यक हो जाती है और लगातार आठ सालों तक अभ्यास में रहने के कारण क्या छुआछूत स्थायी व्यवहार नहीं बन जाएगा? गाँवों में जो भी चीजें जनता के अभ्यास में हैं प्रायः उन सभी का कोई न कोई वैज्ञानिक कारण रहा है। आज भले ही लोग उनको समझने में असमर्थ हो रहे हों और जनता स्वयं उनका कारण भूल चुकी हो किन्तु उनको भेदभाव कहकर दोषी ठहराना उचित नहीं है।

3.4 देश के रक्षक सैनिकों का स्रोतः गाँव

भारत के गाँव ही सेना को लगभग सारे सैनिकों की आपूर्ति करते हैं। उत्तर प्रदेश में गाजीपुर जिले के गहमर, बस्ती जिले के पँचवस जैसे कुछ गाँव ऐसे हैं जिनमें से हर घर से कई पीढ़ियों से लोग सेना में सेवा दे रहे हैं। गहमर के लिए तो सेना का अलग से भर्ती कैम्प भी लगता है। सेना ही नहीं बल्कि जो अन्य सुरक्षाबल हैं उनमें भी जवानों की पूर्ति गाँव के नौजवानों से होती है। यद्यपि सेना के अधिकारियों की आपूर्ति में गाँव अपेक्षाकृत दृष्टि से पीछे

हैं क्योंकि गाँवों में इसकी परीक्षा की तैयारी के लिए उचित सुविधाएँ नहीं मिल पाती हैं।

3.5 अर्थव्यवस्था का मूल आधार गाँव

भारत जैसे देश की अर्थव्यवस्था का मूल आधार आज भी गाँव है। सन् 2020 में जब कोरोना का प्रकोप हुआ तो गाँव के लोग न केवल उससे सुरक्षित रहे बल्कि उन्होंने देश की अर्थव्यवस्था पर अनावश्यक दबाव न पड़े, इसके लिए अन्न की कमी नहीं होने दी। भारत का कोई भी महानगर हो वहाँ भी श्रमिकों की आपूर्ति गाँवों से ही होती है। जब कोरोना का प्रकोप प्रारम्भ हुआ और देश भर से श्रमिक अपने गाँवों की ओर लौटने लगे तो देश के सारे महानगर खाली होने लगे और शहरों में श्रमिकों का अभाव हो गया। अन्न को उपजाने वाला किसान, खेतों एवं उद्योगों में काम करने वाला श्रमिक और सीमा पर रक्षा करने वाला सैनिक, यह सभी गाँवों से ही मिल पाते हैं इनके अभाव में कोई भी देश हो उसकी अर्थव्यवस्था नष्टप्राय हो जाएगी।

3.6 गाँव की सुलभ सेवाएँ

गाँव के विभिन्न जातियों के अनुसार उनके पेशे होते हैं। इनमें से कुछ ऐसे होते हैं जिनकी सेवा लेने के लिए प्रत्येक जाति के उपभोक्ता को वहाँ जाना पड़ता है तो वहीं बहुत सारे ऐसे भी हैं जो बुलाए जाने पर अपनी सेवाएँ प्रदान करते थे। उदाहरण के लिए नाई और बढ़ई प्रायः अपने औजार लेकर सबके घर पर जाकर भी कार्य करते थे साथ में ही यदि कोई उनके घर पर भी जाता था तो वहाँ भी उसका कार्य करते थे। धोबी खुद सबके घर से जाकर कपड़े इकट्ठा करता था और पोखरे तालाब आदि जैसा साधन उपलब्ध हो वहाँ पर जाकर धो सुखाकर कपड़े को वापस सबको लौटा देता था। लोहार और ठठेर के काम की अनिवार्यता ही ऐसी होती थी कि सबको

उनके घर पर जाना पड़ता था। गाँव में कुछ अन्य व्यावसायिक जातियों के लोग होते थे जो कि गाँव में घर-घर घूमकर दही और सब्जी का टोकरा सिर पर रखकर दही और सब्जी बेचते थे।

3.7 जैविक खेती

आधुनिक शिक्षा और विकास किस तरह से एक जीवन्त और विकसित समाज को विनाश के रास्ते पर ढकेल सकते हैं जैविक खेती इसका सर्वोत्तम उदाहरण है। पूरे भारतवर्ष में आज से लगभग 40 साल पहले तक केवल जैविक खेती ही होती थी किन्तु देश की जनसंख्या बढ़ने पर सरकार उसका नियन्त्रण करने के स्थान पर औद्योगीकरण और हरितक्रान्ति जैसी व्यवस्थाएँ ले आई। कृषि उत्पादन बढ़ाने के लिए रासायनिक उर्वरकों का प्रयोग किया जाने लगा। रासायनिक उर्वरकों के कारण धीरे-धीरे अन्न की गुणवत्ता कम होती गई और फसलों में भी बहुत से रोग पैदा होने लगे। जब फसलों में रोग और कीट पतङ्गे लगने लगे तो अन्धाधुन्ध कीटनाशकों का प्रयोग आरम्भ कर दिया गया। रासायनिक खेती और कीटनाशकों के प्रयोग से न केवल खेत जहरीले हो गए बल्कि अब ऐसे खेतों में विना रासायनिक उर्वरकों एवं कीटनाशकों के प्रयोग के किसी फसल का उत्पादन सम्भव ही नहीं रह गया। अब जहरीली रासायनिक खेती भारत की पारम्परिक खेती कही जा रही है और पहले की वास्तविक पारम्परिक खेती अर्थात् जैविक खेती का प्रचार बढ़ाने के लिए सरकारी प्रयास हो रहे हैं।

पंजाब जैसे राज्य जिनको कृषि उत्पादन में अग्रणी माना जाता था वहाँ के उपजे हुए गेहूँ की रोटी कोई खाना नहीं चाहता बल्कि मध्यप्रदेश के अल्पसिञ्चित प्रदेशों का गेहूँ अपनी जैविक प्रकृति के कारण लोकप्रिय हो रहा है और पंजाब के गेहूँ की अपेक्षा कई गुने दाम पर बिकता है।

fig. 3.1: जैविक कृषि भारत की शक्ति थी

पहले जब किसान गोबर की खाद से फसल पैदा करता था तो उसे आधुनिक शिक्षाविदों द्वारा मूर्ख बनाकर रासायनिक खेती की ओर धकेला गया। जब तक किसान जैविक खेती करता था तब तक उसके साथ पशुपालन भी करता था और किसान कभी आत्महत्या करने पर विवश नहीं होता था। रासायनिक खेती पर निर्भर होने के बाद गाँव का किसान पूरे समाज का सबसे बेचारा जीव बन गया है। किसान से अधिक दुःखी और विपन्न प्राणी इस समय कोई नहीं है। कृषि उत्पादों के मूल्य निर्धारण में सरकारी दखल ने भारत के किसानों को बर्बाद कर दिया है। अब गाँवों के किसान भी शहर में जाकर नौकरी करने का सपना देखते हैं जबकि पूरे देश की हर व्यवस्था की रीढ़ यही होते हैं। चाहे कोई बड़े से बड़ा उद्योगपति हो या नेता-अभिनेता हो

अथवा कोई शिक्षाविद् हो; सबकी रोज की आवश्यकता चार रोटी की होती ही है। सबको गाँव के किसान की उपजाई हुई जैविक फसलों के उत्पाद ही खाने के लिए चाहिए किन्तु किसानों की स्थिति को अच्छा बनाने और उन्हें उनका पहले जैसा सम्मान दिलाने के लिए कोई भी गम्भीर नहीं होता। किसानों पर लोग अब दया का भाव रखते हैं जबकि गाँव का किसान ही सबका पालन पोषण करता था।

3.8 पारस्परिक सहयोग

गाँवों में नगरों की अपेक्षा पारस्परिक सहयोग अधिक देखने को मिलता है। यह पारस्परिक सहयोग इसलिए होता है क्योंकि गाँव में सभी लोग एक दूसरे के परिवारों और उनके रहन सहन से कई पीढ़ियों से परिचित होते हैं। गाँव में प्रायः सारे लोगों के विवाह आदि भी निश्चित क्षेत्र में हुआ करते थे। गाँव के लोग एक दूसरे के रिश्तेदारों से भी परिचित होते थे इसलिए कोई भी रिश्तेदार केवल एक परिवार का ही नहीं बल्कि पूरे गाँव का रिश्तेदार हुआ करता था। पुराने जमाने में ऐसा भी हुआ करता था कि जब किसी राजपूत का विवाह सैकड़ों किलोमीटर दूर के क्षेत्रों में होता था तो दुल्हन के साथ उसके गाँव की अन्य जाति की लड़कियाँ भी साथ में आती थीं ताकि नए घर में दुल्हन को सारे लोग अपरिचित न मिलें और मन लगा रहे। इसके बाद उन सारी लड़कियों का विवाह उनकी जाति के लड़कों के साथ ही हो जाता था। इस तरह से एक गाँव का दूसरे गाँव के साथ वैवाहिक सम्बन्ध स्थापित होता था। लोगों का यह जुड़ाव ही पारस्परिक सहयोग की नींव बनता था।

अब तो गाँव-गाँव में टेण्ट हाउस खुलने लगे हैं और गाँव की सामाजिक सहयोग की प्राचीन व्यवस्था बदल गई है नहीं तो आज से 20-30 साल पहले तक जब किसी के घर किसी लड़की का विवाह होता था तो बारातियों

को खिलाने पिलाने के लिए अथवा जब किसी के घर कोई मर जाता था तो तेरहवीं के लिए टेण्ट हाउस और कैटरिंग की व्यवस्था नहीं की जाती थी। इसके लिए गाँव के सारे लोग मिलकर व्यवस्था करते थे। बारातियों के सोने के लिए हर घर से एक या दो खाट, चद्दर, तकिया आदि विवाह वाले घर को जाता था। बारातियों के भोजन के लिए बड़े-बड़े बरतन भी गाँव वालों के यहाँ से माँगकर आते थे। इसके बाद राशन तो जिसके यहाँ कार्यक्रम होता था उसके घर का होता था शेष सब्जी आदि भी गाँव वालों के यहाँ से लाई जाती थी और उसके गाँव के लोग ही मिलकर सब्जी आदि काटकर भोजन बनवाते थे और सबको पाँत में बैठाकर भोजन परोसा जाता था। भोजन परोसने का काम भी गाँव वाले ही करते थे। किसी के यहाँ इस तरह का काम पड़ने पर मात्र सूचना पहुँचने की देर होती थी और पूरा गाँव सहयोग के लिए उमड़ पड़ता था। एक तरह से यह पारस्परिक निर्भरता भी थी कि यदि कोई गाँव वालों का सहयोग ऐसे मौकों पर नहीं करेगा तो बाकी लोग भी उसके घर काम पड़ने पर नहीं आएँगे। गाँव का पारस्परिक सौहार्द और प्रेम तो इसका मूल कारण था ही।

3.9 ग्रामीण भोजन एवं पकवान

गाँव के जीवन से भारतीय संस्कृति अनुप्राणित होती है। गाँव में ही सनातन परम्परा के सारे त्यौहार मनाए जा सकते हैं। इन त्यौहारो में जो भी व्यञ्जन बनते हैं उनकी आधारभूत सारी सामग्री गाँवों में ही उत्पन्न होती है और उनसे सम्बन्धित धार्मिक कृत्य अथवा अनुष्ठान सम्पादित करने के लिए गाँव सबसे अधिक उपयुक्त होते हैं। बहुत सारे धार्मिक अनुष्ठान ऐसे होते हैं जो गाँव के तालाब पर सम्पन्न किए जाते हैं। हर धार्मिक अनुष्ठान से जुड़ा हुआ कोई न कोई भोजन होता है जिसे उन पर्वों पर ही बनाया जाता है। यह भोजन

वर्ष भर की ऋतुओं के अनुसार और आयुर्वेद के वैज्ञानिक तथ्यों के आधार पर निर्धारित किया गया है। पर्वों पर बनने वाला भोजन स्वास्थ्य की दृष्टि से अनिवार्य होता है।

भारतीय पाकविज्ञान में प्रत्येक ऋतुओं के अनुसार वर्जित खाद्यपदार्थों को भी बताया गया है। कुछ खाद्य पदार्थ तिथियों के अनुसार भी वर्जित किए गए हैं। इससे यह पता चलता है कि प्राचीन भारतीयों का भोजन को लेकर कितना सूक्ष्म अध्ययन था। गाँवों के लोग आज भी इन नियमों का पालन करते हैं और यही कारण है कि कोरोना जैसी महामारी में भी गाँव शहरी क्षेत्र की अपेक्षा बहुत कम प्रभावित हुए। अवध क्षेत्र के गाँवों में लोकजीवन के महाकवि घाघ की एक कहावत है कि–

चैते गुड़ बैसाखे तेल, जेठे पन्थ असाढ़े बेल।
सावन साग न भादों दही, क्वार करेला न कातिक मही॥

अगहन जीरा पूसे धना, माघे मिश्री फागुन चना।
ई बारह जो देय बचाय, वहि घर बैद कबौं न जाय॥

इसका तात्पर्य है कि हमेशा स्वस्थ रहने की इच्छा रखने वाले व्यक्ति को चैत्रमास में गुड़, वैशाख में तेल, जेठ में यात्रा, आषाढ़ में बेल, सावन में साग, भादों में दही, क्वाँर में करेला, कार्तिक में मट्ठा, अगहन में जीरा, पूस में धनिया, माघ में मिश्री और फागुन में चने का सेवन कदापि नहीं करना चाहिए। ये वस्तुएँ स्वास्थ्य के लिए हानिकारक होती हैं। जिस घर में इनसे बचा जाता है, उस घर में वैद्य कभी नहीं आता क्योंकि लोग स्वस्थ बने रहते हैं।

स्वास्थ्य से सम्वन्धित इन सभी विधियों और निषेधों को गाँव का व्यक्ति ही भलीभाँति समझ सकता है। यदि कहा जाय कि आयुर्वेद जैसे विशालकाय वैज्ञानिक साहित्य का विकास भी गाँवों में हुआ तो यह असत्य नहीं होगा।

निष्कर्ष

उपर्युक्त विवेचन से स्पष्ट है कि जिस प्रकार गोस्वामी तुलसीदास जी की रामचरितमानस में लिखी चौपाई का अर्थ लोगों द्वारा सही से नहीं समझा जा रहा है वैसा ही 'गँवार' शब्द के साथ भी हो रहा है। चाहे गाँव का व्यक्ति हो या जिसे हम गँवार कहते हैं वह हो; दोनों प्रायः नगर में रहने वाले और तथाकथित नागरों से अधिक बलिष्ठ होते हैं। उन्हें कोई प्रताड़ित करके वश में नहीं कर सकता अपितु उनके मन की थाह लेकर; उन्हें समझ कर ही उनसे काम लिया जा सकता है क्योंकि ऐसे लोग अनावश्यक चतुराई का प्रदर्शन भले ही न करें किन्तु उनकी भावनात्मक समझ तथाकथित चतुर लोगों की अपेक्षा बहुत अधिक होती है।

उपर्युक्त विवेचन से यह भी जाना जा सकता है कि जिसे गोस्वामीजी ने शूद्र कहा है वह हमेशा आत्मनिर्भर व्यवसाय वाला रहा है। उसे किसी सरकारी नौकरी की गरज नहीं होती इसलिए उस पर बलपूर्वक शासन नहीं किया जा सकता। वह किसी सरकार का मुखापेक्षी नहीं होता, यदि उसके पास अपनी व्यावसायिक कला है तो कोई भी राज्य उसे आश्रय दे देता है। कोई भी व्यक्ति उसके मन की थाह लेकर; उसके हृदय में बसकर ही उसे वश में ला सकता है।

वर्तमान कोरोनाकाल में भी गाँव का तथाकथित गँवार ही है जो अन्य सभी उद्योग धन्धों के प्रभावित होने के बाद भी विना किसी ढिलाई के पूरे देश का पेट भरने के लिए तत्पर रहा है। सरकारी नौकरी और उद्योग धन्धों की तरह खेतों में कभी हड़ताल नहीं होती न कभी पशु ही दूध देने में घोटाला करते हैं। जिस प्रकार गाँव का गँवार अपना खून-पसीना बहाकर अन्न उपजाता है, उसी प्रकार पशु भी विना भरपेट भोजन मिले भी अपना

मांस गलाकर दूध देता रहता है और खेत में हल खींचता है। गाँव के लोगों की जो पारस्परिक समझ और सहयोग है वह शहर के पढ़े लिखे लोगों और आर्थिक रूप से विकसित लोगों से अधिक है। किसी आपदा के अवसर पर शहर असहाय हो जाते हैं तो वहीं हमारे गाँव एक दुर्ग की तरह देर तक डटे रहते हैं।

निष्कर्षतः कहा जा सकता है कि गोस्वामी जी के द्वारा कहा गया 'ताड़ना' शब्द का अर्थ 'ताड़ लेना' है न कि प्रताड़ित करना। ढोल को केवल बेढङ्गे तरह से पीट देना ढोल बजाना नहीं होता अपितु उससे किसी गीत के लिए ताल निकालना एक साधना होती है। यह कला होती है और कला का अंग्रेजी में अर्थ होता है- सर्वश्रेष्ठ। आज आवश्यकता है कि गोस्वामी तुलसीदास जी की चौपाई 'ढोल गँवार शूद्र पशु नारी' का सही अर्थ समाज में और बुद्धिजीवी वर्ग में पहुँचाया जाना चाहिए ताकि सभी जन न केवल सत्य से परिचित हों अपितु किसी झूठ के कारण सामाजिक विद्वेष से बचे रहें। यही नहीं; इससे भारत के जन अपने प्राचीन गौरवशाली इतिहास के प्रति हीनताबोध से ग्रस्त नहीं होंगे। सभी यह समझ पाएँगे कि भगवान राम के समय से ही सामाजिक समरसता ग्रामीण भारत के केन्द्र में रही है। इति॥

4

सहज शूद्र वर्ण की अन्तर्निहित जटिलता का सामाधानिक विश्लेषण

अपर्णा धीर खण्डेलवाल[1] *एवं बलराम सिंह*[2]

समस्त विश्व को वर्णाश्रम व्यवस्था का ज्ञान भारतीय परम्परा की अद्भुत देन है। यह व्यवस्था जीवन जीने की कला को दर्शाती है परन्तु ऐसा क्या हुआ कि यही व्यवस्था भारतीय संस्कृति के पटल पर निरन्तर घाव करती आ रही है? आश्रम व्यवस्था तो जीवन के पड़ाव से सम्बन्धित है लेकिन हमारे अधिकारों से सम्बन्धित वर्ण-व्यवस्था उत्तम होते हुए भी विवादग्रस्त नजर आती है। ऋग्वेद से लेकर श्रीमद्भगवद्गीता तक, श्रीमद्भगवद्गीता से लेकर स्मृति-ग्रन्थों तक, और स्मृतियों से लेकर आधुनिक विचारकों तक वर्ण-व्यवस्था की व्याख्याओं के अनेक रूप दिखाई देते हैं। कहने में कोई दोष न होगा कि वर्ण-व्यवस्था के आधार को भली-भाँति नहीं समझने से दिन-प्रतिदिन यह व्यवस्था अधोगति को प्राप्त हुई है। एक ओर तो हम सामाजिक एकता की बात करते हैं और दूसरी ओर हम एक-दूसरे से वैर की भावना रखते

1 Assistant Professor, School of Indic Studies, Institute of Advanced Sciences (INADS), Dartmouth, USA

2 Director, Botulinum Research Center & President, Institute of Advanced Sciences, Dartmouth, MA 02747, USA.

हुए सर्वोच्चतावाद को बढ़ावा देते हैं। इतिहास गवाह है कि सर्वोच्चतावादी प्रवृत्तियाँ हमेशा हिंसा और समाज के विघटन का कारण बनी हैं।

वर्तमान समाज में परस्पर दिखाई देने वाले आक्रोश का कारण है भेदभाव की भावना। यह भावना मुख्यतः शूद्र वर्ण के विषय में अधिक दिखाई देती है। इसका सबसे दृष्टिगत उदाहरण गोस्वामी तुलसीदास जी द्वारा रचित 'रामचरितमानस' की चौपाई 'ढोल गँवार शूद्र पशु नारी, सकल ताड़ना के अधिकारी' है। गूढ़ अर्थ को समेटे हुए तुलसीदास जी की इस रचना का गलत अर्थ निकालकर समाज में वर्तमान भेदभाव की परिस्थिति को बनाए रखने के लिए इस चौपाई को ही आधार बना लिया गया। अब प्रश्न उठता है कि क्या तुलसीदास जी के काल में समाज में ऐसा कोई भेदभाव था, जो उन्होंने इतने विशद और लोकप्रिय साहित्य की रचना में उस भेदभाव की चर्चा करना उचित समझा? तुलसीदास जी क्या इतनी संकीर्ण मानसिकता रखते थे जो समाज के आधारभूत 'शूद्र' की ताड़ना की बात करेंगे? ऐसे ही कुछ विवादित प्रश्नों के उत्तरों की खोज एवं वैज्ञानिक विश्लेषण के लिए शूद्र वर्ण पर केन्द्रित प्रस्तुत अध्ययन एक लघु प्रयास है, जिससे शूद्र वर्ण की वास्तविकता को समझा जा सकता है। शूद्र वर्ण का योगदान वास्तव में समाज को पूरा करता है, फिर भी वर्तमान समय में समाज बँटा-सा क्यों दृष्टिगोचर होता है? सभी वर्ण अपने आप में गरिमापूर्ण हैं और समाज को अपनी-अपनी तरह से प्रभावित करते हैं फिर चारों वर्णों के अनुक्रम का आधार ही क्या इस भेदभाव का कारण है?

4.1 'शूद्र वर्ग' की वैदिक परिकल्पना

भारत के प्राचीन सामाजिक इतिहास में वैदिक काल से ही ब्राह्मण, क्षत्रिय, वैश्य और शूद्र ये चार वर्ण रहे हैं। आधुनिक काल में सामाजिक प्रतिष्ठा की

दृष्टि से शूद्रों को सबसे नीचे रखा जाता है, किन्तु प्रारम्भिक काल में ऐसा नहीं था। शूद्रों को सबसे नीचे मानने का कारण ऋग्वेद संहिता के दशम मण्डल (पुरुष सूक्त) के सुप्रसिद्ध मन्त्र[3] को माना जाता है जिसमें ब्रह्म (परमात्मा) ने अपने शरीर के विभिन्न अङ्गों से ही अपने समस्त प्रजाजन की उत्पत्ति की और उनको गुण, योग्यता, क्षमता के आधार पर विभिन्न संज्ञाओं द्वारा पुकारा। यहाँ पर ऋग्वेद के मन्त्र का अभिप्राय समाज के किसी वर्ग को ऊँचा या नीचा बताना नहीं था बल्कि उनके सामाजिक कर्तव्यों के महत्व को इंगित करना था। पुरुष सूक्त-मंत्र के विसंगतिपूर्ण चित्रण के अनुसार क्या शरीर में हमारा सिर ही मुख्य है और पैर निकृष्ट? शरीर के सुचारु संचालन के लिये पैरों का योगदान क्या नगण्य है? हिन्दी साहित्य के प्रसिद्ध मुहावरे 'मुँह की खाना' की ओर जरा ध्यान दीजिए। अक्सर शत्रु-पक्ष के पराजित होने पर इस मुहावरे का प्रयोग किया जाता है। इसका शाब्दिक अर्थ है 'मुँह के बल गिरना'। यहाँ कल्पना कीजिए यदि कोई व्यक्ति मुँह के बल गिरता है तो इसका स्पष्ट अर्थ है कि उसके आधारभूत पैर दृढ़ और साथ नहीं हैं। गिरने से बचने के लिये व्यक्ति के सिर और पैरों में परस्पर संगति होनी चाहिये। इसी प्रकार समाज में सौहार्द हेतु ब्राह्मण, शूद्र आदि सभी वर्णों में परस्पर तादात्म्य होना चाहिये। पैर रूपी शूद्र यदि वहीं रह जाये तो क्या सिर रूपी ब्राह्मण आगे की ओर चल पाने में समर्थ है? इसका उत्तर स्वत: सिद्ध है कि 'नहीं' क्योंकि सिर का आधार तो पैर ही है। अत: साथ-साथ चलने से ही समाज चलता है। इस दृष्टि से चारों वर्णों में से न कोई मुख्य है और न कोई गौण।

---

3 ब्राह्मणोऽस्य मुखमासीद् बाहू राजन्यः कृतः।
ऊरू तदस्य यद्वैश्यः पद्भ्यां शूद्रो अजायत॥ – ऋग्वेद 10.90.12

वाल्मीकीय रामायण के 'अरण्यकाण्ड' के चतुर्दश सर्ग में भी इसी प्रकार का वर्णन मिलता है।[4] वास्तव में इन्हीं को आधार बनाकर शूद्र वर्ण की समाज में भूमिका को समझने के बजाय उन्हें चरणों (पैरों) के बराबर मान लिया गया। पश्चात् तुलसीदास जी द्वारा कथित चौपाई ने 'आग में घी डालने' वाला कार्य किया।

समाज में शूद्र वर्ग को आज भी हीन, तुच्छ, क्षुद्र भावों में ग्रहण किया जाता है। इससे व्यथित होकर शूद्र वर्ग भी अपने को छोटा समझता है परन्तु 'छोटे होने' के व्यापक अर्थ को समझने में अधिकतर लोग भूल कर जाते हैं। यहाँ 'छोटे होने' का तात्पर्य सूक्ष्म से है। इस तथ्य को वैज्ञानिक विश्लेषण द्वारा जाना जा सकता है। समस्त संसार की उत्पत्ति का कारण 'परमाणु' यानि atom है, यह सभी जानते हैं। यह 'परमाणु' समस्त संसार का सबसे छोटा तत्त्व smallest particle माना गया है। यह छोटा-सा परमाणु समस्त संसार का आधार है। ये परमाणु मिलकर 'अणु' यानि molecule का रूप धारण करते हैं। इस प्रकार 'परमाणु' स्रष्टा है। रचनात्मक कौशल के कारण 'परमाणु' ब्रह्म स्वरूप हैं। यह 'परमाणु' ही ऊर्जा का स्रोत भी है। सारे संसार को ऊर्जा प्रदान करने वाला सूर्य भी 'परमाणु' ऊर्जा (atomic energy) से ही सञ्चालित है, molecular energy से नहीं। Atom bomb हम सभी जानते हैं पर molecular bomb कभी सुना नहीं।

इस वैज्ञानिक विचारधारा को हजारों वर्ष पूर्व वेदों में हमारे ऋषियों ने 'एकोऽहम् बहुस्याम्' कहकर इङ्गित किया। औपनिषदिक दर्शन के अनुसार ब्रह्म ने एक से अनेक होने की इच्छा की। विज्ञान ने भी परमाणु से अणु और

---

[4] मनुर्मनुष्याञ्जनयत् कश्यपस्य....पद्भ्यां शूद्रा इति श्रुतिः। *वाल्मीकीय रामायण* 14.29-30

अणु से यौगिक पदार्थ यानि compound की उत्पत्ति मानी है। इस तरह चिन्तन करने से जब हमें 'छोटे' दिखाई देने वाले 'परमाणु' की शक्ति का ज्ञान हो जाता है, तब उसमें निहित भाव को जानकर 'तुच्छता की भावना' स्वत: समाप्त हो जाती है।

जो शूद्र को निकृष्ट, तुच्छ, छोटा, महत्त्वहीन समझते हैं, वे उपर्युक्त चर्चा से शूद्र की वास्तविकता को जान सकते हैं। समाज में छोटी इकाई के रूप में कहे जाने वाला 'शूद्र वर्ग' वास्तव में ब्रह्मरूप है क्योंकि अपने रचना-कौशल के आधार पर शूद्र पूरे समाज की रचना करता है। वैदिक ग्रन्थों में 'सृष्टि, स्थिति, प्रलय का मूल निमित्त कारण होने से ब्रह्म को प्रजापति कहा गया है' –

> प्रजापते न त्वदेतान्यो विश्वा जातानि परिता बभूव।[5]
> हे प्रजापते! आप ही समस्त जड़-चेतन भूतों में व्याप्त हैं,
> अन्य कोई नहीं।
>
> ब्रह्म वै प्रजापतिर्ब्राह्मो हि प्रजापतिः।[6]
> प्रजापति ब्रह्म है, क्योंकि प्रजापति में ब्रह्म के गुण हैं।

वैदिक-चिन्तन में प्रजापति वस्तुतः स्रष्टा अथवा सृजनकर्त्ता कहे गये हैं। जिसके फलस्वरूप 'शूद्रवर्ग' जिसे 'प्रजावर्ग' भी कहते हैं, वे अपने नाम के साथ 'प्रजापति', उपनाम आज भी लगाते हैं।[7] निर्माण करनेवाला यह 'शूद्रवर्ग' कैसे समाज का आधार है, इसको दो दृष्टियों से ज्ञात किया जा सकता है - आधुनिक विश्लेषण व ग्रामीण परिवेश। इस तथ्य को

---

[5] ऋग्वेद 10.121.10

[6] शतपथ ब्राह्मण 13.6.2.8

[7] https://vedicwaves.wordpress.com/2016/12/29/praja-in-the-light-of-vedic-view/

जानने से पूर्व श्रीमद्भगवद्गीता (18.44) के '*परिचर्यात्मकं कर्म शूद्रस्यापि स्वभावजम्*'[8] श्लोक की ओर ध्यान देना चाहिए, जहाँ 'सेवा' को एक गुण बताकर अन्य सभी वर्णों के साथ-साथ शूद्र का भी स्वभाव कहा गया है। इस दृष्टि से समाज को सेवा प्रदान करने वाले प्रत्येक जन चाहे वो आधुनिक सेवा के अन्तर्गत आई०ए०एस० हो, आई०पी०एस० हो, या चिकित्सक, अध्यापक, सङ्गीतकार, कृषक, नर्तकी, नाविक, कलाकार, शिल्पकार हो, अथवा ग्रामीण परिवेश के अन्तर्गत लोहार, कुम्हार, बढ़ई, रथकार, सुनार, सूतकार, धोबी, नाई, चमार आदि सभी 'शूद्र' हैं।[9] ये सभी अपने-अपने कला-कौशल के आधार पर सृजनकर्त्ता हैं। सृजनात्मक होने से ये समाज की नींव (foundation) हैं, आधार (पैर) हैं। इस प्रकार व्यापक दृष्टि से चिन्तन करने से शूद्रों की उत्पत्ति का आधार चरणों से मानने में आपत्तिजनक नहीं लगेगा।

यह चिन्तन शूद्र की दो विशेषताओं को प्रकाशित करता है– प्रथम सृजनकर्त्ता होना और द्वितीय सेवा-भाव रखना। सृजन के विषय में वैदिक-चिन्तन[10] में प्रजापति के साथ-साथ 'विश्वकर्मा' की अवधारणा भी मिलती है इसीलिए 'विश्वकर्मा' का उपनाम के रूप में प्रयोग आज भी प्रजावर्ग में पाया जाता है। यहाँ तक कि प्रजावर्ग के लिये 'विश्वकर्मा' ईश्वर के समान

---

8 श्रीमद्भगवद्गीता 18.44

9 'आधुनिक सामाजिक एवं राजनीतिक व्यवस्था का वेदान्तिक समाधान', in 'Akshar Warta', Edited by Prof. Shailendra Kumar Sharma and Dr. Mohan Bairagi, Ujjain (M.P.), Vol. XII, No. VIII, May 2016, pp. 7-9.

10 –प्रजापतिश्छन्दो विश्वकर्मा वयः परमेष्ठी छन्दः। काठक संहिता 17.2

पूजनीय हैं।[11] समाज को सेवा प्रदान करने वाला प्रत्येक व्यक्ति आत्मनिर्भर एवं स्वावलम्बी बनना चाहता है, इसीलिए वह अपने द्वारा दी गई सेवाओं के लिए वेतन प्राप्त करता है। यहाँ स्पष्ट करना उचित होगा कि 'प्रजा' की सङ्कल्पना का प्रारम्भिक चिन्तन वेद में है। यजुर्वेद की काठक[12] और मैत्रायणी संहिताओं[13] में जहाँ 'प्रजा' शब्द मिलता है, वहीं वाजसनेयी संहिता में प्रजावर्ग का ही उल्लेख है।[14] बढ़ई (तक्ष), रथों को बनाने वाले शिल्पी (रथकार), कुम्हार (कुलाल), लोहार (कर्मार), भील (निषाद), तन्तुवाय (पुञ्जिष्ठ), कुत्तों को पकड़ने वाले (श्वनि), मृगों के शिकारी (मृगयु) का नामोल्लेख है। आश्चर्य कि बात है कि इस मन्त्र में आये 'नमः' शब्द का अर्थ जहाँ स्वामी करपात्री, ग्रिफिथ जैसे विद्वानों ने 'नमस्कार' या homage लिया है, वहीं पं० जयदेव शर्मा ने 'आप सबको उचित वेतन प्राप्त हो', यह अर्थ किया है।[15] अतः वेतन प्राप्त कर, आत्मनिर्भर

---

11 'श्रीमद्भगवद्गीता में शूद्र की परिभाषा का यथोचित आधुनिक विश्लेषण', in 11th Issue of śāstramañjūṣā of *Prācī Prajñā*, Edited by Dr. Sugyan Kumar Mahanty, vol. VI, December 2020

12 काठक संहिता 17.5.14; 17.7.20

13 मैत्रायणी संहिता 2.9.9

14 नमस्तक्षभ्यो रथकारेभ्यश्च वो नमो नमः कुलालेभ्यः कर्मारेभ्यश्च वो नमो नमो निषादेभ्यः पुञ्जिष्ठेभ्यश्च वो नमो नमः श्वनिभ्यो मृगयुभ्यश्च वो नमः॥ वाजसनेयी संहिता 16.27

15 शुक्लयजुर्वेद-माध्यन्दिनसंहिता (16-20 अध्याय), श्रीराधाकृष्ण धानुका प्रकाशन संस्थानम्, कलकत्ता; (Tr.) Ralph T.H. Griffith, *The Texts of the White Yajurveda*, https://www.sacred-texts.com/hin/wyv/wyvbk16.htm, 1899, p. 143; यजुर्वेद-संहिता (प्रथम खण्ड), आर्य साहित्य मण्डल लिमिटेड, अजमेर, 1981

या स्वावलम्बी होना जब गौरव की बात है, तो सेवा करना या सेवक होना तुच्छ कैसे हो सकता है?

अब प्रश्न आता है कि क्या ऊपर वर्णित इन विशेषताओं के आधार पर समाज में शूद्र की पहचान सम्भव है? क्या समाज की कोई ऐसी विशेष इकाई है, जिसे 'शूद्र' कहा जाए? तो मनन करने पर हम पाएँगे कि 'शूद्र' कोई विशेष इकाई नहीं अपितु 'गुण और योग्यता' पर आधारित भाव है। जिसमें यह भाव होंगे वही 'शूद्र' है। अर्थात् एक ही व्यक्ति जब ज्ञान की बात करता है, तब उसे ब्राह्मण समझना चाहिए। जब वह रक्षा के प्रति सचेत रहे, तब उसे क्षत्रिय जानना चाहिए। जब उसकी सजगता सामाजिक व्यवस्था की ओर हो, तब वह वैश्य हो जाता है। जिस क्षण व्यक्ति में सेवा-भाव एवं सृजनात्मक-भाव जागृत होता है, तब वह शूद्र बन जाता है।

वस्तुत: 'सेवा-भाव एवं सृजनात्मक-भाव' यदि 'गुण और योग्यता' है तो 'शूद्र' होने में 'हीन' भावना कहाँ से आई? इसका मुख्य कारण है शास्त्रों की अधूरी व्याख्या। इस तथ्य की ओर ध्यान आकृष्ट करने के लिए हमारे एक शोधपत्र[16] में श्रीमद्भगवद्गीता के *परिचर्यात्मकं कर्म शूद्रस्यापि स्वभावजम्* (18.44) श्लोक के ऊपर लगभग 40 व्याख्याकारों एवं टीकाकारों के विचारों को संकलित किया गया है। यहाँ श्लोक में आए 'अपि' शब्द पर किसी व्याख्याकार के ध्यान न देने के कारण केवल शूद्र वर्ण के लिए ही सेवाकर्म को निर्धारित कर लिया गया। जबकि श्रीकृष्ण ने ने इङ्गित किया है कि जिस प्रकार ब्राह्मण वर्ग अपनी बुद्धि, क्षत्रिय वर्ग अपने बाहुबल और वैश्य वर्ग वाणिज्य के आधार पर अपनी-अपनी सेवा प्रदान कर समाज को उन्नत बनाते हैं, उसी प्रकार शूद्र वर्ग को भी अपनी योग्यता एवं क्षमता के

16 'श्रीमद्भगवद्गीता में शूद्र की परिभाषा का यथोचित आधुनिक विश्लेषण', in 11th Issue of śāstramañjūṣā of Prācī Prajñā

अनुसार सामाजिक उन्नति के लिए अपनी सेवाएँ देनी चाहिए। इस भाव से उपर्युक्त श्लोक को यदि ग्रहण किया जाता तो 'शूद्र' की स्थिति तथा 'शूद्र' होना, दोनों ही 'हीन' श्रेणी में नहीं आते।

'परिचर्या' शब्द का वैदिक आधार भी इसका समाधान हो सकता है। 'परि' का अर्थ है 'चारों ओर' और 'चर' अर्थात् 'चलने वाला'। अत: 'परिचर्या' का शाब्दिक अर्थ हुआ 'चारों ओर विचरण करने वाला'। दूसरे शब्दों में ऐसे भी समझ सकते हैं कि कोई व्यक्ति जो परिधि में रहकर सबकी या समाज की सेवा अथवा देखभाल करता है, उसके इस कृत्य को 'परिचर्या' जानना चाहिये। यथा - वर्तमान में पुलिसकर्मी माननीय मन्त्रियों को चारों ओर से घेरकर चलते हैं। अत: चारों ओर से रक्षा करना, देखभाल करना, अथवा सेवा करना 'परिचर्या' के अन्तर्गत जानना चाहिए। यजुर्वेदीय संहिताओं में 'परिचर' शब्द का प्रयोग वाटिका, जंगल आदि चारों ओर घूमने वाले गुप्तचर के लिये किया गया है न कि सेवक अर्थ में।[17] गुप्तचर किसी भी राज्य की जय-पराजय के लिये अत्यन्त महत्वपूर्ण माने गये हैं। वास्तव में ये गुप्तचर चारों ओर घूमकर अपने राजा के प्रति कर्त्तव्यनिष्ठ भाव से सेवा ही तो करते हैं। फिर इस दृष्टि से समाज में 'सेवा भाव' को उत्तम क्यों नहीं समझा जाता? शतपथ ब्राह्मण में 'परिचर' शब्द attendant के रूप में वर्णित है।[18] वहीं छान्दोग्योपनिषद् में 'परिचर्या' शब्द विद्यार्थी

---

[17] परिचरायारण्यानां पतये नम:। *काठक संहिता* 17.12.48; *मैत्रायणी संहिता* 2.9.3; *वाजसनेयी संहिता* 16.20

[18] अध्वर्युश्च यजमानश्चाग्नीध्र प्रतिप्रस्थाता चोन्नेताथ योऽन्य: परिचरो भवत्युभे.... शतपथ ब्राह्मण 4.3.5.9

या follower (अनुयायी) का सूचक है।[19] कहा गया है कि प्रातः उठकर परिचर्या करने वाला पुरुष ही गुरु के समीप बैठकर ज्ञान प्राप्त कर पाता है। शाङ्करभाष्य में 'परिचर्या' शब्द में छिपे 'विनम्र-भाव' का अहसास होता है।

'परिचर्यात्मक' शब्द को भली-भाँति जान लेने से भी समाज में न्यायसंगत स्थिति बन सकती है। 'परिचर्यात्मक' में 'आत्मक' का अर्थ है 'आत्मीयता'। जब व्यक्ति आत्मीय भाव से चलता है तो कोई समस्या ही नहीं रहती क्योंकि वहाँ आत्मा का भाव आ जाता है। आत्मा के भाव (आत्मा से जुड़े हो) को व्यक्त करने वाले जैसे पुत्र तथा पुत्री अर्थ में 'आत्मज' और 'आत्मजा' शब्द मिलते हैं। उसी प्रकार आत्मीय भाव जिस सेवा (कार्य) में जुड़ा हो, वह सेवा या कार्य साक्षात ब्रह्म रूप हो जाता है।

'समाज की सेवा' का सिद्धान्त वैदिक अवधारणा के अन्तर्गत ही है। यजुर्वेद में 'शूद्र' शब्द श्रमशील व्यक्ति के अर्थ में मिलता है, जहाँ 'तप' कहकर उसे सम्बोधित किया गया है।[20] कथित है कि श्रम के लिये शीघ्र गति से जाने वाले श्रमशील व्यक्ति को नियुक्त करना चाहिये। उसी तरह 'शूद्र' को 'पूषा देवता' के रूप में सम्बोधित करते हुए[21] पृथिवी कहा गया है जो

---

19 भवत्युत्तिष्ठन् परिचरिता भवति परिचरन्नुपसत्ता....। *छान्दोग्योपनिषद्* 7.8.1; (Tr.) Max Muller, *The Upanishads*, 1879, Part 1, https://www.sacred-texts.com/hin/sbe01/sbe01142.htm

20 तपसे शूद्रम्। वाजसनेयी संहिता 30.5; तैत्तिरीय ब्राह्मण 3.4.1.1; ---तपसे शूद्रं तपो वै शूद्रस्तप...। शतपथ ब्राह्मण 13.6.2.10

21 (क) स शौद्रं वर्णमसृजत पूषणमियं वै पूषेयहीदं सर्वं पुष्यति यदिदं किं च। शतपथ ब्राह्मण 14.4.2.25

(ख) ---शौद्रं वर्णमसृजत पूषणमियं वै पूषेय हीद सर्वं पुष्यति यदिदं किञ्च। बृहदारण्यकोपनिषद् 1.4.13

सबका पोषण करती है। 'शूद्र' को इस प्रकार पोषक अथवा पालक के अर्थ में जानना चाहिए। बृहदारण्यकोपनिषद् के भाष्य में आचार्य शङ्कर कहते हैं कि परिचारक का अभाव होने के कारण शूद्र वर्ण की सृष्टि हुई, यही पूषा है।[22] अतः 'सेवा-भाव' को 'देवत्व' रूप में ग्रहण करना चाहिए। वर्तमान समाज में प्रचलित अंग्रेजी के कुछ शब्द भी 'सेवा-भाव' के महत्त्व की इङ्गित करते हैं, यथा- deserve (योग्य या अधिकारी होना), reserve (अलग करना या रोकना), conserve (संरक्षण करना), preserve (रक्षा करना) आदि। इन सभी में 'serve' शब्द पाया जाता है, जो service यानि 'सेवा' का सूचक है। इन शब्दों के सामान्य अर्थ के अतिरिक्त परिचर्या के भाव में इन्हें इस प्रकार भी जान सकते हैं– deserve (पर्याप्त-सेवित), reserve (पुनर्सेवित), conserve (सम-सेवित), तथा preserve (पूर्व-सेवित)। तात्पर्य है कि अगर कोई पर्याप्त सेवा कर चुका है तो वह deserve करता है, अगर कोई पूर्व में सेवा कर चुका है तो वह रक्षित (preserved) होगा आदि। Deserve पात्रता का सूचक है लेकिन पात्र होने से उसमें गुण होंगे यह निश्चित नहीं। Deserve का अर्थ ऐसे भी लिया जा सकता है कि उपयुक्त मात्रा में सेवा किया जा चुका है; अब फल, पद अथवा पारितोषक के लिये कोई अन्य कार्य करने की आवश्यकता नहीं है। इसी तरह reserve (re-serve) फिर से मौका मिलने का सूचक है। इसलिए सरकारी नौकरी में लगे हुए लोग government servants या 'सरकारी सेवक' कहलाते हैं। आज इस छिपे हुए भाव को भूलकर प्राय: ये तो बोला जाता है कि 'मैं deserve करता/करती हूँ', 'मैं reserve हूँ' आदि। 'सेवा-भाव' पर ही आधारित इन शब्दों की वास्तविक गरिमा को कोई याद नहीं रखना चाहता।

---

[22] स परिचाकाभावात्पुनरपि नैव व्यभवत्, स शौद्रं वर्णमसृजत...। बृहदारण्यकोपनिषद्, सानुवाद शाङ्करभाष्यसहित, गीताप्रेस, गोरखपुर

4.2 'ताड़ना' शब्द की मौलिक अवधारणा

श्रीराम कथा के कई प्रसङ्ग ऐसे हैं जहाँ सामाजिक व्यवस्था में परस्पर सामञ्जस्य लक्षित होता है। जैसे श्रीराम का निषादराज और केवट का आलिङ्गन करना तथा शबरी के आश्रम में आतिथ्य स्वीकार करना आदि। महर्षि वाल्मीकि ने शबरी को सिद्धा तपस्विनी कहा है।[23] ध्यातव्य है कि वाल्मीकि रामायण के इन तीनों प्रसङ्गों को तुलसीदास जी ने रामचरितमानस जैसी अलौकिक साहित्यिक कृति में इन्हें सामाजिक दृष्टिकोण से प्रस्तुत किया है। अतः समाज के सभी वर्गों में सम-दृष्टि का वर्णन करने वाले तुलसीदास जी की रचना के अंश कैसे समाज के विखण्डन का कारण हो सकते हैं? 'रामचरितमानस' के सुन्दरकाण्ड की चौपाई में कथित 'ताड़ना' शब्द अवधी भाषा का शब्द है। यह अवध क्षेत्र की सामान्य जन-भाषा है जिसमें 'ताड़ना' शब्द का कई अर्थों में प्रयोग मिलता है, यथा- देखभाल करना, ध्यान देना, ध्यान रखना, जाँच-परख, देख-रेख, पहचानना, परखना या समझाना। समाज को सेवा प्रदान करने वाले व्यक्ति (जिन्हें 'शूद्र' कहा गया है यथा- चिकित्सक, अध्यापक, सङ्गीतकार, कृषक आदि) भले ही किसी भी व्यवसाय में हो, वे सभी आदेश, निर्देश, निवेदन एवं आवेदन के आधार पर ही समर्पण भाव से कार्य कर पाते हैं, अर्थात् उन्हें कार्य से परिचित करवाना पड़ता है, निर्देशित करना पड़ता है और उनका विशेष ध्यान रखना पड़ता है। अर्द्ध-चौपाई में व्यक्त 'ताड़ना' शब्द को इसी भाव से विश्लेषित करना चाहिए।

प्रसिद्ध अर्थशास्त्रविद् प्रो० लल्लन प्रसाद ने वैदिक वर्ण-व्यवस्था को अर्थशास्त्र में कथित division of labour सिद्धान्त की पृष्ठभूमि माना है। वस्तुतः अर्थशास्त्र का यह सिद्धान्त समाज को विभाजित नहीं करता

---

23 रामेण तापसी पृष्टा सा सिद्धा सिद्धसम्मता।
शशंस शबरी वृद्धा रामाय प्रत्यवस्थिता॥ रामायण, अरण्यकाण्ड 74.10

बल्कि सुव्यवस्थित करता है।[24] यह सिद्धान्त परस्पर सहयोग पर आधारित है, जिसके तीन भाग हैं– सामाजिक, तकनीकी और क्षेत्रीय। जब हम सामाजिक श्रम-विभाजन की बात करते हैं तो जो भी समाज को विकसित करने का आधार है, वे सभी उसके अन्तर्गत आते हैं यथा- किसान, बढ़ई, बुनकर, शिक्षक, पुजारी, सैनिक आदि। इस दृष्टि से समाज के सभी वर्ग समाज को विकसित करते हैं। अतः सभी वर्ग निर्देश व देखरेख के लिये बाध्य हैं। कहीं ऐसा तो नहीं 'शूद्र' शब्द के माध्यम से समाज के सभी कर्मठी व्यक्तियों को तुलसीदास जी ने निर्दिष्ट करने के लिये 'ताड़न' शब्द का प्रयोग किया हो?

4.3 शूद्र 'वर्ग' नहीं 'भाव' है

शूद्र की विशेषता उसकी 'सृजनात्मकता' है। रचनात्मक कौशल से सम्पन्न व्यक्ति ही समाज में स्वावलम्बी अथवा आत्मनिर्भर बनने में सक्षम है। इस प्रकार शूद्र आत्मनिर्भरता का आधार है। अतः जो आत्मनिर्भर होगा वो गुलाम कैसे हो सकता है? प्रसिद्ध भी है 'नौकरी गुलाम बनाती है' प्रतिभा नहीं। 1966 की फिल्म 'आये दिन बहार के' में आनन्द बख्शी द्वारा लिखित गीत के बोल निश्चित ही द्रष्टव्य हैं-

> 'खत लिख दे साँवरिया के नाम बाबू
> कोरे कागज पे लिख दे सलाम बाबू......
> राम करे कि ऐसी नौकरी छूटे
> उन्हें जिसने बनाया गुलाम बाबू'

---

24 'The French scholar Emile Durkheim first used the phrase division of labour in a sociological sense in his discussion of social evolution......Division of labour functioned to keep societies from breaking apart.', https://www.britannica.com/topic/division-of-labour

यह कहना गलत नहीं होगा कि प्रत्येक व्यक्ति कुशल होने की क्षमता के साथ जन्म लेता है। आवश्यकता होती है तो केवल उस क्षमता को उभारने की या पहचानने की। कुशल व्यक्ति ही प्रगतिशील होकर उत्तम नेता बनता है।[25] यहाँ नेता से अभिप्राय राजनैतिक नेता से नहीं अपितु स्वावलम्बी होने अथवा स्वयं में नेतृत्व क्षमता को जागृत करने से है। आज आवश्यकता है कि समाज में रहने वाला प्रत्येक व्यक्ति अपने आप से ये कुछ प्रश्न करें और स्वयं ही जान लें कि वो वास्तव में शूद्र है या नहीं ? जैसे-

कला-कौशल कैसे प्राप्त हुआ?

- अपने आप सीखा
- माता-पिता से सीखा
- जाति-विशेष से सीखा
- स्कूल व कालेज से सीखा
- किसी शैक्षणिक संस्था से सीखा

रोजगार/व्यवसाय वेतन लेकर चलता है?

- गैर-सरकारी संस्था से वेतन लेकर
- सरकारी संस्था से वेतन लेकर
- नकद राशि लेकर व्यक्तिगत सेवाएँ देते हो
- नकद राशि लेकर या दया/स्नेह भाव से व्यक्तिगत सेवाएँ देते हो

---

25 'Vedic Prajā-System for the Transformational Leadership in Modern Times' in '*Vaidika Vāg-Jyotih*', Edited by Prof. Dinesh Chandra Shastri, Gurukula Kangri Vishwavidyalaya, Haridwar, Vol. 15, July-Dec, 2020, pp. 143

अपने कार्य की गुणवत्ता का आंकलन कैसे करते हो?

- दूसरे जैसे निर्णायक, निरीक्षक आदि के द्वारा गुणवत्ता निर्धारित की जाती है
- प्रतियोगिता/प्रतिस्पर्धा के आधार पर गुणवत्ता निर्धारित की जाती है
- रचना-कौशल के आधार पर गुणवत्ता निर्धारित की जाती है
- उपभोक्ता/ग्राहक के द्वारा गुणवत्ता निर्धारित की जाती है
- कितना वेतन आप प्राप्त करते हो, इस आधार पर गुणवत्ता निर्धारित की जाती है
- प्राप्त वेतन अथवा स्नेह, दया आदि भाव के द्वारा गुणवत्ता निर्धारित की जाती है

कार्य के लिए प्रेरित कौन करता है?

- कार्य को करने के लिए स्वयं समय निश्चित करते हैं
- निर्णायक, निरीक्षक आदि के द्वारा समय निश्चित किया जाता है
- उपभोक्ता/ग्राहक के द्वारा समय निश्चित किया जाता है
- कोई निश्चित समय-सीमा नहीं

कार्य में सन्तुष्टि?

- कार्य की समय-सारणी से सन्तुष्ट
- जो काम करते हो या वस्तु बनाते हो उससे एवं उसकी गुणवत्ता से सन्तुष्ट
- अपने कार्य को अपने परिवार में आगे बढ़ाएंगे

- अपने कार्य को और अधिक उन्नत करने का प्रयत्न करेंगे
- अपने द्वारा दी गई सेवाओं एवं वस्तुओं के लिए कम वेतन लेना पसंद करेंगे
- यही काम साझेदारी में करना पसंद करेंगे

कार्यक्षेत्र में सन्तुष्टि?

- अपना कार्यक्षेत्र छोड़ना चाहते हैं
- कार्य के कारण स्थान परिवर्तन पसंद करेंगे
- कार्यस्थल पर तनाव या दबाव
- पारिवारिक वातावरण में आराम व आनन्द की अनुभूति

इन सवालों के उत्तर ही हमारे स्वभाव का यथार्थ ज्ञान कराते हैं। उदाहरणतः 'कला- कौशल कैसे प्राप्त हुआ?' इसके उत्तर में यदि कोई व्यक्ति कहे कि 'उसने अपने आप सीखा' अर्थात् वह कला-कौशल उस व्यक्ति को प्राकृतिक (स्वाभाविक) रूप से प्राप्त हुआ जानना चाहिए, यदि कोई व्यक्ति कहे कि 'उसने अपने माता-पिता से सीखा' तो वह कला-कौशल उस व्यक्ति को पारिवारिक रूप से प्राप्त हुआ जानना चाहिए, यदि कोई व्यक्ति कहे कि 'उसने जाति-विशेष से सीखा' तो वह कला-कौशल उस व्यक्ति को सामाजिक रूप से प्राप्त हुआ जानना चाहिए, तथा यदि कोई व्यक्ति कहे कि 'उसने किसी शैक्षणिक संस्था से सीखा' तो वह कला-कौशल उस व्यक्ति को अध्ययन करने से प्राप्त हुआ जानना चाहिए।

इस प्रकार प्राप्त इन उत्तरों में छिपे हुए भाव को ग्रहण किया जा सकता है। ये भाव या तो स्वभावजनित होंगे, या सामाजिक या आर्थिक। इन भावों को प्रथम, द्वितीय, तृतीय श्रेणीगत वर्गीकृत किया जा सकता है। इनमें

स्वभाविक भाव को प्रथम अर्थात् सबसे ऊपर, सामाजिक भाव को दूसरे स्थान पर आर्थिक भाव को तृतीय अर्थात् सबसे कम जानना चाहिये। देखना यह है कि व्यक्ति अपने कला-कौशल के आधार पर स्वाभाविक रूप से समाज में अपनी सेवाएँ दे रहा है, या सामाजिक रूप से परिवार के अनुरूप काम कर रहा है या जीविकोपार्जन हेतु काम कर रहा है। इस आधार पर उपर्युक्त श्रेणी को जाना जा सकता है।

इस संसार में जो भी व्यक्ति अपने स्वभाव के अनुरूप कार्यों को करेगा वह स्वाधीन भी रहेगा और स्वतन्त्र भी। स्वाधीन व्यक्ति बिना किसी दबाव के समाज में कार्यरत रहेगा तो उसे मानसिक उत्पीड़न भी नहीं होगा और समाज में परस्पर सौहार्द भी स्थापित होगा। हम सब में स्वाभाविक रूप से कौशल जन्मजात है। इस कौशल-शक्ति के आधार पर हम स्वाधीन भी हैं और अपने चारों ओर रहने वाले अपने परिजनों के रक्षक अथवा सेवक भी हैं। वास्तव में 'शूद्र' एक भाव है न कि जाति संज्ञक, जो अपने आप में अत्यन्त गूढ़ है। समग्र भाव से चिन्तन करने से इसे समझा जा सकता है।

4.4 'शूद्र' सामाजिक-व्यवस्था एवं कल्याण का आधार

वर्तमान समाज में उपर्युक्त भाव न दिखलाकर 'शूद्र' को जाति के रूप में चित्रित करके 'जाति' विषयक व्यापार किया जा रहा है। Backward classes, OBC, Dalit, ST, SC इत्यादि नाम देकर 'शूद्र' संज्ञा का प्रयोग किया जा रहा है जबकि न्यायसङ्गत वैदिक प्रणाली में सब बराबर माने जाते थे और सबको अपनी-अपनी योग्यता के अनुसार अवसर प्राप्त होता था। आज आवश्यकता है इन सारे गूढ़ अर्थों को ताड़ने की अथवा समझने की। इसीलिये गाँधी जी ने भी लोक-कल्याण की भावना को ऊँच-नीच से ऊपर मानते हुए कहा है-

'किसी को भी अपने से नीचा या ऊँचा मानने में पाप है। हम सब समान हैं।'[26]

उपर्युक्त विवेचन के आधार पर स्पष्ट है कि शूद्र वर्ण को वैदिक व्यवस्था के अनुसार समझना आवश्यक है। शूद्र ही नहीं अपितु जब तक हम सभी वर्णों के कर्तव्यों एवं उनके महत्व को नहीं समझेंगे, समाज से न तो विसङ्गति दूर होगी, न ही सामाजिक समरसता स्थापित हो सकेगी। राजनीति से जुड़े अनैतिक लोग समाज के विभिन्न वर्गों के हित साधने के नाम पर अपने स्वार्थ की सिद्धि एवं समाज का शोषण करते रहेंगे। अतएव यह आवश्यक है कि हम प्राचीन भारत के विषयों को प्राचीन दृष्टि से देखें और उनके वास्तविक स्वरूप और महत्व को जानें। इति॥

---

26 प्रतिभा शुक्ला, *वेद-वीथिका*, नमन प्रकाशन, दिल्ली, 2015, पृ० 60 में उद्धृत।

5

Paśu: The Animal

Raj Kumar[1] *and Bal Ram Singh*[2]

Paśu (पशु) or an animal is a term generally used to distinguish a group of beings which are not humans, microorganisms, or plants. Although humans belong to the animal kingdom, they are distinguished from animals by their extensive use of tools, speech and words, and extensive their thoughtfulness. Additionally, the families of animals (*Paśu*) are also known as heterotrophs (they can't make their own food, they get nutrients by eating other living things), and consists of species belong to multicellular eukaryotes. They have tissues and organs made of specialized cells. Due to connection between different kinds of tissues and organs, animal have higher levels of organizations which allow them to perform complex functions. Most animals share following four characteristics: sensory organs, movement, internal digestion and reproduction.

1. Animals have developed nervous system which can

---

1 Associate Professor & Director of Academic Advisement, Institute of Advanced Sciences, Dartmouth, MA 02747, USA.

2 Director, Botulinum Research Centre & President, Institute of Advanced Sciences, Dartmouth, MA 02747, USA.

detect and respond to various environmental stimuli. For example, spiders have four pairs of eyes encircling their heads. Some of the eyes form images, some detect the direction of light. Certain spider can swell their eyes to see in different directions.

2. Their muscles and nerves work together, so that they decide about fight and fly condition. For examples, star fish have dozens of suckers like tubes for movement.
3. All animals have some kind of internal digestion system. For example, cow eat their food by using their mouth and digest their food in their stomach.
4. Animals have well developed sexual reproduction system. Meiosis, fertilization, zygote formation, and development of embryo are some important steps of this system.

5.1 Concept of Paśu

Although, *Paśu* (पशु) is mentioned at several places in Vedas and *Purāṇa*. *Śaiva* philosophy refers *Paśu* to the "flock" of the universe. The *purāṇas* describe the entire universe as the flock (पशु) and the *Śiva* (शिव) as their lord (*Paśupati*) (पशुपति). *Paśu* is the individual soul. According to *Shīlaśāstra* (शीलशास्त्र), *Paśu* are divided into three classes: the *vijñānakalas* (विज्ञानकल), the *pralayakalas* (प्रलयकल) and the *sakalas* (सकल). Those that are enveloped by a kind of ignorance known as *mala* (मल) are called *vijñānakalas*. Those with *mala* and *māyā* (माया) are called *pralayakalas* and those with all three kinds of ignorances, *mala, māyā* and *karma* (कर्म) are called the *sakalas*.

Vedic theories treat every living being as *jīvātman* (जीवात्मा) (individual soul). Our *jīvātman* is surrounded by five energy sheaths known as '*pañcakośas*' (पञ्चकोश): *annamaya kośa* (अन्नमय कोश) (physical), *prāṇamaya kośa* (प्राणमय कोश) (vital energy), *manomaya kośa* (मनोमय कोश) (mental: mind and *citta* (चित्त), *vijñānamaya kośa* (विज्ञानमय कोश) (wisdom), and *ānandamaya kośa* (आनन्दमय कोश) (bliss). Vibrations of each *kośas* are different, however, they overlap and interact with each other (Taittirīya Upanishad 2.1-5). All living and non-living creatures possess *annamaya kośa*, and *prāṇamayaa kośa*. However, according to Upanishad, *manomaya kośa* and *vijñānamaya kośa* are available to humans in greater capacity than in other animals. Another view on the issue of *pañcakośa* system is that we all (at least all living creatures) can operate in these *kośa* with varying degree. It is mainly driven by necessity of the species (*fig.* 5.1).

The socio-psychological constructs of the *pañcakośa* system that explains the traits of each of the four *kośa*s - physical, energy, mind, and knowledge (*fig.* 5.1). Such traits can be organized hierarchically to examine the upward movement from physical to knowledge layers. It can also be used to see how physical matter moves upward the *kośa* (कोश) system. It is also possible to examine how physical minerals are used by biological systems with only ability to use air (energy layer), used psychologically (mind layer) by animals, information (knowledge layer) by humans for social communities to reach the highest goal of life – happiness or bliss, the *ānandamaya kośa*.

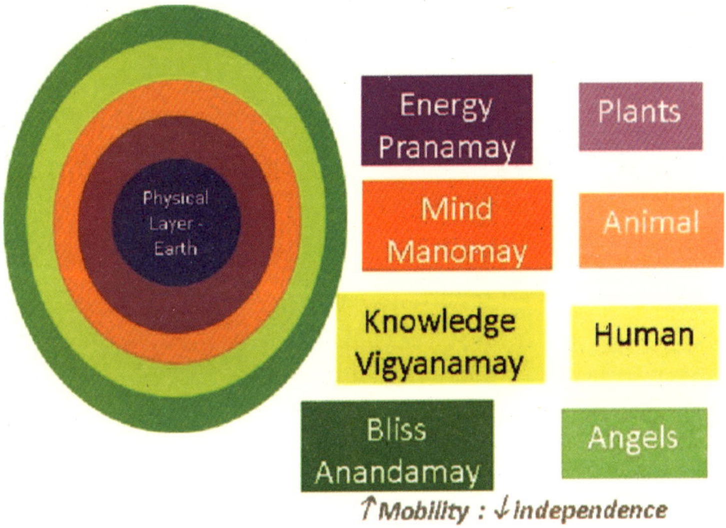

fig. 5.1: Pictorial representation of *pañcakośa* (पञ्चकोश) – *annamaya* (अन्नमय) (physical), *prāṇamaya* (प्राणमय) (energy), *manomaya* (मनोमय) (mental), *jñānamaya* (ज्ञानमय) (knowledge) and *ānandamaya* (आनन्दमय) (bliss), with primary examples where such koshas are dominating features – mineral (Earth), plants, animals, humans, and angels, respectively. As the evolution of matter occurs from *annamaya* (अन्नमय) to *ānandamaya* (आनन्दमय), the mobility is increased but independence is restricted. For example, Earth or mountains are quite immobile but do not need other forms of matter for existence whereas angels are quite mobile but cannot exist without the rest.

The idea of various entities in this universe belonging to different *kośas* with different capabilities of communication is schematically represented in *fig.* 5.2, showing that while *vijñāmaya kośa* entities like humans are quite articulate in words (*vaikharī*) (वैखरी), however, it requires enormous efforts to communicate the phenomenon holistically.

possibly the pioneer of the doctrine of human superiority, stated that animals are mere machines while humans are the creatures of reason, linked to the mind of God. His follower Nicolas Malebranche went on to say that animals "eat without pleasure, cry without pain, grow without knowing it: they desire nothing, fear nothing, know nothing." Although Rene Descartes put forward the above modern doctrine, beliefs in human superiority is deep-rooted. Aristotle believed that plant and animals were made for the sake of humans (Taylor, 1984). In Jainism there are four states with Gods being the highest, humans next, suffering in the hell the third, and plants and animals last.

Humans have tendencies to put thing into categories (good vs bad, full vs empty, black vs white, developed vs undeveloped, superior vs inferior). However, it is important to evaluate their validity of categorization and distinctness of their superiority claims. However, several myths about human superiority which have been busted in the last couple of century.

1. The "Man the tool-maker" was accepted till 1960s. Jane Goodall's made an observation that chimpanzees are using tools to extract termites from their mounds (Goodall, 1964, 1986). Several primate and non-primate species are also using tools for generation and are habitual tool users (elephants, African grey parrots, sea otters, rodents, octopuses; Hart and Hart, 1994; Pepperberg, 2004, Hall and Schaller, 1964; Fujii et al., 2014; Nagano and Aoyama, 2017; Finn et al., 2009; Haslam et al., 2017).

2. Another argument put forward in support of human superiority is that the man uses medicine. However, Huffmann (1997 and 2007) documented the use of medicinal plant by chimpanzees. Medicines are not only used by primates, but also by other mammals, birds and insects (Engel, 2002; Huffman, 2007).
3. Animals are also capable of making complex structures like human, for example beavers, birds, bees, wasp and termites etc. (Darlington, 1985; Korb, 2003; 2010).
4. Another argument contradicting human superiority was recently proposed by Chapman and Huffman (2018), who stated that there are many traits alleged to be found only among humans that are in fact present throughout the animal community, ranging from numerical concepts to altruistic behavior.

The word *Paśya* (पश्य) is "to see" and *Paśupati* is another name of *Śiva* (शिव) (*fig.* 5.3), for the binding of sense-impressions comes from consciousness, which also provides capacity for freedom (Kak, 2017). "The cranial vault has no light: it is totally dark and there is no projection of images in the theatre of the mind. Yet the sensory information is bound (*paś* (पश्) = to bind) in our perception, and we can say that the binding, *pāśa* (पाश), is the working of *Śiva*." *Paśu* (animals) can be free or bound but need to be watched or *sanat sāśvyam paśum uta gavyaṁ śatāvayam* (सनत् साश्व्यम् पशुम् उत गव्यं शतावयम्) (Ṛgveda 5.61.5). However, when not given freedom or respected for what those are, for their best use, and are bound to attachments, anything, even a child can pull them along. Humans can be the same *paśu*, and if they too are attached to simple attractions like that of paradise or revolution or glory (a slight variation from Kak, 2017).

In the light of evolutionary theory, human or species superiority concept appear unintelligent. Human superiority concept in fact is self-serving. Species appear and disappear in this evolutionary world. Only thing we can say with confidence is that some species survive, flourish, develop and avoid extinction at that particular period of time. There is no way to justify a general superiority of species in comparison to the other species. For example, dogs have better sniffing power than any other species, cats are better hunter, squirrel is an accomplished acrobat, a tadpole is a better swimmer, etc. Even intellectual capacities and our moral faculties are not the result of natural selection. They are mainly due to the requirement of their physiology and provide evolutionary advantages over their ancestor. Reality of intelligence cannot be defined by the fact that the animal may not understand us and we do not understand them. It is just of different kind. They do not fit in our criterion of intelligence, similarly it is quite possible that we may not qualify in their criterion of intelligence.

Even with our criterion of intelligence, certain animals may actually be as intelligent as humans if not more. For example, in a Scientific American article Ferris Jabre (2014) states the following:

"Here is an animal who can recognize itself in the mirror, fashion twigs into tools, formulate and implement plans, and remember someone's face for decades. An animal that has exquisite ways of sensing the world we can never experience firsthand and a complex language we will probably never decipher. An animal whose cleverness parallels our own, yet is in many ways unique. As a species, we have long valued our extraordinary mental powers, obsessively comparing our intelligence to the braininess of all other beasts. We insist on continually updating a grand hierarchy of cleverness. The more one learns about exceptionally smart and sensitive animals like the elephant, however, the less useful such rankings become. It suddenly seems silly to think of intelligence as a pyramid.....When we look into the eyes of the elephant, we should recognize nothing less than an intellectual equal."

"....they seem to understand even years and years after a friend or relative's death—that an irreversible change has taken place, that, here on the ground, is an elephant who used to be alive, but no longer is. In other words, elephants grieve. Such grief is but one of many indications that elephants are exceptionally intelligent, social and empathic creatures...scientists now agree that elephants form lifelong kinships, talk to one another with a large vocabulary of rumbles and trumpets and make group decisions; elephants play, mimic their parents and cooperate to solve problems; they use tools, console one another when distressed, and probably have a sense of self."

"All this intellect must emerge, in one way or another, from the elephant brain—the largest of any land animal, three times as big as the human brain with individual neurons that seem to be three to five times the size of human brain cells....It turns out the elephant brain has three times more neurons than our own: 257 billion to our 86 billion. The vast majority of these neurons are found not in the cerebral cortex—the seat of abstract thinking in humans—but rather in the elephant's cerebellum, which controls breathing, heart rate and movement, among other duties. The elephant cerebellum has 250 billion neurons; its cortex has 5.6 billion. Humans have about 70 billion neurons in the cerebellum and 16 billion in the cortex."

"...the elephant depends on such a dense cerebellum to maneuver one of the most sensitive and versatile appendages in the animal kingdom. With more than 100,000 distinct bundles of muscle fibers, an elephant's prehensile trunk is just as dexterous as a human or chimpanzee's hands....elephants can use their trunks to snorkel when submerged, heave objects weighing more than 700 pounds, or gingerly crack open a peanut shell."

"To look an elephant in the face is to gaze upon genius. Here is a creature who experiences emotional intimacy with friends and family, who seems to understand death and treats its dead in a way that borders on ceremonial."

"Neural networks in the temporal lobe [of elephant brain] devoted to vocal communication and hearing are also particularly large and complex in the elephant brain. Elephants can chirp softly or trumpet about as loudly as

> a jet taking off. They can recognize the calls of up to 100 different elephants even from a distance of nearly 5,000 feet. And they often communicate with low-frequency rumbles that humans cannot hear unaided. Some scientists have speculated that thirsty elephants guide themselves towards distant rainfall by detecting vibrations produced by thunderstorms. Along with sound and touch, elephants primarily rely on odor to learn about one another and the world around them. A fusion of the upper lip and nostrils, the trunk gives elephants a sense of smell that is even more acute than that of nosy critters like rodents and dogs. One region of the elephant olfactory bulb—the part of the brain that processes smell—contains extra layers of cells in a honeycomb arrangement not found in other mammals."

In this context it is apt to remind us the origin and qualities of *Gaṇeśa* (गणेश), the remover of all the hurdles, who symbolically has an elephant head. In the story of the *Gaṇeśa* his father *Śiva* cuts off *Gaṇeśa*'s head, eventually replacing it with the head of an elephant at the behest of *Gaṇeśa*'s mourning mother *Pārvatī* (पार्वती). Instead of taking only the story's literal meaning, we can instead see symbolically *Śiva* playing his true role as a father: removing *Gaṇeśa's* ignorance, as symbolized by the head he was born with, and replacing it with a much larger head of an elephant, symbolizing his newly gained wisdom.

The large head represents the use of wisdom in approaching any problem or hurdles, the large ears mean that one must listen to issues of the day as much as possible, the small hidden mouth symbolizes less need to speak, and the large stomach means big churning or digestion of the information received before making any decisions. The trunk represents flexibility and adaptability of one's personality for efficient operations. Elephant trunk is the only known organ that not only can perceive an ant on the ground with its subtle nerve receptors, and it possesses such a gross strength that it can uproot a tree. Such a dynamic range of sense and strength can overcome any obstacle in any person or organism. Finally, the mouse at the feet of *Gaṇeśa* represents the complete control over one's mind and desires for success.

How interesting it is that human features and traits are symbolized by the animals, and not the other way around.

5.3 Comparison of Animal Kingdom with Homo Sapiens

Although there are some differences between human and animal, however, we are not entirely opposite or different from animals, but vary only to a certain degree. For example, although human languages are complex and of higher degree than animals, apes can communicate with sign and also can organize two or three words. Kanzi, the bonobo can even communicate with spoken language. Honeybees use dance to provide information to other bees. However, human languages are complex and of higher degree than animals.

Table 5.1 (below) is describing some of the striking differences and similarities between human and animals.

Table 5.1: Differences and Similarities between Human and Animals

Differences	*Similarities*
Human belongs to the species known as "Homo sapiens", whereas animals have various species and diversity is more. There are 8.7 billion species of animals on earth, compared to 21 species of humans.	Both have similar social skills such as pick, choose and live in a group
Humans are omnivores, whereas animals are either herbivores or carnivores or both.	They have similar sound or voice system. However, cows have different accents with respect to different geographical locations. Katydid, an insect, has similar structure of ears as humans, but they can listen to a greater range of sounds.
Average human brain weigh 1.4 kg whereas animals brain size range from 6.9 kg (blue whale) to 0.08 g (green lizard) or lower.	Animals like human are heterosexual, however, like some humans some are homosexuals, for example, sheep.
Most human species are bipedal. However, earlier human species were quadrupedal, like animals.	Both human and animal species express their emotions by sound or facial expressions. For example, human and mouse expressions are similar in pain.
Average number of neurons in humans are 86 billion, whereas in animal it ranges from 257 billion in elephants, 500 million in octopus to 350 in leech or less.	Earlier it was believed that animals do not have cognitive abilities. However, recent observations suggest that animals have developed cognitive ability as per their requirements.

Humans have monogastric digestive systems, whereas some animals have a ruminant digestive system (sheep have a four chambered stomach).	Both animals and humans have house building skills. Octopus build their houses with all the necessary arrangements and needed protection.
Humans have developed language to express themselves. Animals also communicate with each other; however, the complexity of their communication is not well known.	Humans and animals have interdependent relationship. Some animals develop symbiotic relationship with humans, and benefit both at the level of intelligence and emotion.

Gaia hypothesis suggests that earth is represented by an enormous quasi-organismic entity, in which all species comprise a global symbiotic and physiological system that flourish the environment in which several life form can live together. Not only with animals but with plants as well. For example, agriculture variety of maize (Zea mays) which is no longer capable of reproducing independently without the help of human management. This kind of symbiotic relationship is important for both organisms.

5.4 Natural Living

Our primary and essential living ecosystem is natural habitat. A natural habitat, which is generally developed over many generations, provides condition for physical adaptation that is necessary for survival. An adaptation is a physical or behavioral modification required for survival. Animals may either adapt through internal changes or external changes or both. For example, limbs of birds are modified into wings or, cheetah gets shaped for higher speed or animals living in very cold climate learn how to store food in the body and protect themselves from extreme cold. One of the major differences between humans and animals are their living style. Animals spend most of their time close to the nature, whereas humans are increasingly getting accustomed to artificial living, away from the natural environment. It has been already established that living closure to the nature improve your mental and physical health. Natural environment reduces depression, cancer and respiratory diseases.

Ayurveda, an ancient Indian medical system, is based on natural herbs and technologies. Basically, it uses the natural regenerating forces to treat the cause of ailments. Postures of Yoga, an ancient exercise system, is mainly inspired from the different poses of animals. There must be a reason why our ancestors get inspired from nature and animal to remove their physiological and mental sufferings. The sign of Yin is also based on animals and related to their nature. Ancient painting, signs, folklore and medicinal systems are based on animals and lot of them are still in practice. These are due to the recognition of the capacity of animals and their experiences in natural environment which could be beneficial to humans, or it is better to say that both will benefit from each other's experiences from nature.

The biological evolution, however, largely refers to the physical features of organisms, from complexities of organs and tissues to the variability in cells and sizes of nuclear materials. This approach counts on fossilized records on the

would have gone through only about 500 iterations. On the other hand, anaerobic bacteria with a record of existence for about 2.5 billion years would have gone through 2.74 trillion iterations considering even 8 hours of their life cycle. The anaerobic bacteria thus have 5.48 billion times advantage over humans to go through the adaptation and natural selection process compared to humans. It is thus important to consider the bacteria being superior evolutionarily. This is especially relevant since the bacteria have survived in the nature throughout the time other organisms and species have appeared. Similar arguments can be made for plants and animals.

Although there are no written rules or expectations for humans to be most evolved in terms of superiority, it has been generally accepted that humans are the most evolved and most superior among the current species on this earth. This has sometimes led to bending or accommodating the rules to suit the human superiority.

As mentioned earlier, this idea of superiority led to the thought that the human genome will be the largest, containing the largest number of genes to justify their status of most complex set of organs, physiology, cognition, etc. However, as it turned out not to be the case, scientists are looking for ways to justify the concept of human superiority.

For example, bacteria, with only about 5 million base pairs of DNA and about 5,000 genes, about 80% of their genetic material is utilized for genes. This compares with 1.4% utilization of the genetic material (approximately 3 billion bp) for genes (30,000). Thus, on the basis of efficiency in using its genetic material, bacteria seem to be more evolved.

Bacteria, plants, and animals, other than humans, can readily live in the nature, thus demonstrating their adaptation and natural selection traits, whereas the artificial life of humans shows their inability to cope with the natural living. It has also been suggested that their further evolution in jeopardy, as they no longer maintain an adequate interaction with the nature.

5.5 Darwin on Diversity

In his famous book, Origin of Species, Charles Darwin cited a study (Sinclair, 1826) which demonstrated that when several types of grasses (Clover, Trefoil, Lucern, Saintfoin, etc.) were planted (*fig.* 5.5) together there was a higher yield for each compared to when each grass was planted separately. In Origin of Species, Charles Darwin writes:

> "It has been experimentally proved that if a plot of ground be sown with one species of grass, and a similar plot be sown with several distinct genera of grasses, a greater number of plants and a greater weight of dry herbage can thus be raised".

By this he demonstrated the principle of divergence through the natural selection and evolution process. This is the key force driving the diversity even from evolutionary point of view.

What was missing in this observation is the origin of the force that drives this diversity. Both the yield and entropy

fig. 5.5: Schematics of 242 experimental plots - 4x4 ft; 85 beds Clover, Trefoil, Lucern, Saintfoin, etc. that were used to show that different species of grass grown together produce larger yields than when grown separately. [Schematics taken from Hector and Hooper, 2002]

(thermodynamic measure of randomness) based arguments are pertaining to the consequences, notthe cause. Karma and the origin of *karma* (कर्म) (the author of the *Rajavārttika* (रजवार्त्तिक) in Jaina tradition points out that which is performed out of the result of the vibrations of the self is called *karma*, which has been similarly described in *Nāsadīya Sūktam* (नासदीय सूक्त) as Big Bang Singularity, the state before which everything was pure existence and pure consciousness, ānīd avātam, without vibration, and thus the world begins with vibration and sustained because of vibration) point towards the origin of the force that drives the diversity.

Thus, if there are 8.7 million species of animals on this earth, compared to about 25 species of humans, it becomes clear why and how our evolution is in fact curtailed.

5.6 Animals and Development of Taste *Tanmātrā* (तन्मात्रा)

According to *Sāṃkhya* (सांख्य) philosophy, there are twenty-five *tattvas* (तत्त्व) or principles or elements upon which all of creation rests.

Among these *tattvas* are the *tanmātrās* (तन्मात्रा), the root energies of the five elements, act as the first building block which are actually the "potential" for a building block. These potentials are called *tanmātrās*, which provide the potential for all the existence. *Tanmātrā* means "essence" or "potential." These are the root energies of the five elements. They are the most subtle form of energy and it is only because of the *tanmātrās* that everything comes into creation. This includes the mind, senses, and organs of action.

Based the *tanmātrā* concept the origin of the ether element is the *tanmātrā* of sound called *śabda* (शब्द) for which the sense organ is ear, and the organ of action is mouth to speak. Similarly, origin of the air element is the *tanmātrā* of touch called *sparśa* (स्पर्श), for which skin acts as the sense organ, and the hand as organ of action. For fire element the *tanmātrā* is *rūpa* (रूप) or form or color, for which the sense organ is eye and the organ of action is feet. For the water element, the *tanmātrā* is taste or flavor, and the organ of action is excretory system. Finally, for the earth element, the *tanmātrā* is smell or *gandha* (गन्ध), for which the sense organ is nose, and the organ of action is the reproductive system. It is notable that sound, touch, form, taste, and smell are not the actual *tanmātrā*, rather these are the expression of that *tanmātrā* potential (Table 2). Also, as the elements are derived from beginning with the ether to earth, the *tanmātrās* get cumulative. For example, the water element has the sound, touch, form, and smell *tanmātrās*.

Table 5.2: *Tattvas* and *Tanmātrās* and their Elements

Tattva	*Tanmātrā*	*Sense organ*	*Action organ*
Ākāśa (ether)	Sound (*śabda*)	Ear	Mouth
Vāyu (air)	Touch (*sparśa*)	Skin	Hand
Agni (fire)	Form of color (*Rūpa*)	Eye	Feet
Āpa (water)	Taste (*rasa*)	Tongue	Excretory system
Pṛthvī (earth)	Smell (*gandh*)	Nose	Reproductive system

It is notable that *paśu* (animal) in *ḍhola gaṃvāra śūdra paśu nārī* (ढोल गँवार शूद्र पशु नारी) line represents the water element, and thus it is important to examine the taste capacities of animals. Looking at the number of taste buds as measure of the *tanmātrā*, one can see a great stride of that element in animals. For example, humans have 5,000-10,000 taste buds, depending mostly on age. In contrast, cows have 25,000 – 35,000 taste receptors, catfish has 100,000 taste receptors, rabbit have 17,000 taste buds, pigs have 10,000 taste buds, and octopus possess as many as 2 million taste buds. When it comes to food, the taste (*āpa tanmātrā*) (आप तन्मात्रा) gets combined with smell, thus providing animals quite a superiority from the tanmātrā of the water element.

5.7 Communication Abilities of Paśu and Human

In addition to evolutionary advantage animals have in terms of time on earth, diversity, and sensory abilities, it is important to consider their communication capacities and practices.

At the *aparā* (अपरा) level the knowledge is expressed in *śabda* (शब्द) (sound) i.e., *Aum* (ओम्) in *ākāśa* (आकाश) element, which passes through *vāyu* (वायु), *agni* (अग्नि), *jala* (जल) and *pṛthvī* (पृथ्वी) elements of *pañcmahābhūta* (पञ्चमहाभूत) that are linked to the organs of perception and organs of action, leading to communication (Sinha and Singh, 2018). *Śabda* (sound) would imply that such a system of expression is available to both living and non-living entities of the universe. And, that the sound *tanmātrā* associated with the *ākāśa tattva* (आकाश तत्त्व) or ether element, and thus a part and parcel of everything in existence, meaning it forms the basis of communication. Even the rocks are believed to communicate, as has been described in the literature. For example, an article by Don Hill in AlerbertaViews (September 1, 2008; Listening to Stones Learning in Leroy Little Bear's laboratory: Dialogue in the world outside; https://albertaviews.ca/listening-to-stones/) states, "that [river] water flowing past these rocks is making the connection between upstream and downstream. It's almost like [it's] keeping those rocks, as it flows past, informed as to what's going on. These rocks are knowledgeable of what's upstream and what's downstream as the water is giving them the information."

At the more fundamental level, that is the atomic or

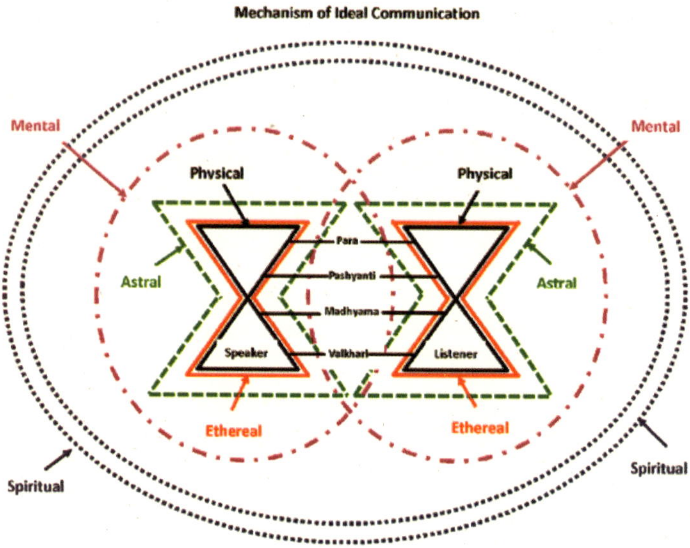

fig. 5.6: Schematic representation of mechanism of ideal communication involving Vedic system of four level of speech – *parā* (परा), *paśyantī* (पश्यन्ती), *madhyamā* (मध्यमा), and *vaikharī* (वैखरी), superimposed with the five types of bodies (Physical, Ethereal, Astral, Mental, and Spiritual).(Taken from Singh and Sinha, 2018). The *parā, paśyantī, madhyamā*, and *Vaikharī* forms of communication depend on the state of speaker and the listener, and these forms of communication are not limited to the physical level, rather extend up to the spiritual level.

subatomic level, there is a great communication between atoms of the same or different types, which actually is the basis of all the substances we see in the world. Communication here is not the bonding and interactions, but the driving force behind such interactions. Such force will be all pervasive and thus perfectively communicative.

Most of the current methodology addresses communication at perception (through words or gesture) and action levels. From an educational perspective of learning and understanding the knowledge perception either by observing or doing can reach the mind, intellect, consciousness of the target and eventually to *brahma* (ब्रह्म) and *parabrahma* (परब्रह्म) at the *parā* (परा) level. From the communicator's perspective the para knowledge passes through *paśyantī* (पश्यन्ती), *madhyamā* (मध्यमा), and *vaikharī* (वैखरी) to the targeted audience or viewers (*fig.* 5.6). In terms of literary texts, elements of communication encompass a speech encompassing a message that is passed, a shared code that makes the message intelligible, a contact or physical medium of communication (e.g., a book, a verbal utterance), and a context to which the message refers. Depending upon which element dominates the communication, each communicative act is either emotive or expressive of a state of mind, among other things (Sinha and Singh, 2018). In this context, the Mahesh Yogi concept of Unified Field Theory that adds three very important dimensions of communication: the level of consciousness of the communicator; the level of consciousness of the communication receiver; and the quality of the environment in which communication takes place. In addition to creating an emotional contact or communicating a message, the quality of message, it seems, is influenced by the consciousness of the communicator and which can equally influence the consciousness of the receiver, not just through imparting information or affecting the feelings, but through enlivening some degree of the Unified Field at the basis of the receiver's consciousness. When this is possible, the communication is not only nourishing for the receiver, but the nourishing effect rebounds to the communicator, and spreads out into the environment, creating an effect in the collective consciousness. Such a mechanism is most suitable for those beings and non-beings, who do not use explicit words, such as stones, plants, and animals.

A more relevant Vedic concept of *sthūla* (स्थूल) (gross or physical) and *sūkśma* (सूक्ष्म) (subtle) bodies (*śarīra* (शरीर)) can be employed to understand the communication between the speaker and its audience/viewers. Under this concept *sthūla śarīra* (स्थूल शरीर) possesses organs of perception and action which are the basic tools of communication. But those are not sufficient to have proper communication, as one could be hearing or seeing things without much attention. The *sūkśma śarīra* (सूक्ष्म शरीर) needs to interact for effective communication and influence. The ethereal body is generally the reflection of the purity and health of the physical body (*fig.* 5.6), and extends only an inch or so beyond the physical body. The astral or emotional bodies extend a few feet beyond the physical bodies, and are thus likely to overlap, directly communicating the feelings generated in the speaker and the listener. The mental bodies extend several feet beyond the physical bodies and thus easily overlap between the communicator and the receiver, allowing thoughts and ideas to be communicated. The spiritual bodies of communicator and receiver may extend miles, depending upon one's level of enlightenment, not only in this life but in the previous lives (Sharaman and Baginsky,

2003). This mechanism of communication presupposes a medium of communication between the two entities, which could audio, visual, chemical, electromagnetic, or other unknown forces consciousness or unified field for interaction and integration.

In addition to the state of consciousness of the speaker and listener, an additional dimension that Maharishi brings out is the environment (Orme-Johnson, 2010). The background and context play a major role in the meaning of the words or feeling spoken and understood. Furthermore, sharing the needs together to feel the same taste or rasa, helps in communication. Perhaps, this is the reason why meetings are arranged over a meal In India, people share their foods with cows or dogs. This is in contrast to the Western world where there are separate pet foods. It obviously makes it easy to communicate if one considers animals similar to us, having same tastes.

One interesting observation can be mentioned here in the stages of human speech development, and their communication with others. In terms of the molecular structures at the zygote level, humans are obviously at the level of *annamaya kośa*. Once the breathing begins in the zygote using oxygen it develops into the *prāṇamaya kośa*, that develops further in the fetus. After further development, the fetus begins to feel the stage is called the *manomaya kośa*, where it remains in this state even after the birth. Until the speech is developed in the infant, it's state of mind is similar to that of animals. It is interesting that infants show so much interest in animals and animal cartoons. It is possible that they understand and communicate better with animals, as both are not limited by the words for their expression and communication. Words certainly are limited, as sometimes one has to use appropriate context to devise a word, as is seen in synonyms. Also, sometimes, one is struggling for a word to describe certain things, otherwise visible to the mind. It is therefore reasonable to think that the words limit sometimes the expression. Infants when they smile or make other facial expressions as if to be reacting to something. It used to be assigned as sudden muscle reflux, but now neuroscientists also think it may have neuro-regulated response, which may indicate a deeper understanding of the surrounding by infants who have yet to develop vocabulary. Speech is a neuromotor response, unlike sensory responses, such as hearing or vision, whose loss is known to develop compensatory perceptional sense (Bates, 2012). Interestingly, the mouth acts both as a sensory organ and an organ of action via its tongue. Both, the human infants and animals have very limited speaking ability, despite both being able to produce sounds for expression, may actually provide a common experience. They both may perceive the world at the *paśyantī* level, without resorting much to *madhyamā* (thinking) and speaking. Intriguingly, *paśu* and *paśya* (पश्य) words originate from the same root word, *paś*, which means to bind with meaning to sounds. Professor Subhash Kak opines that it is the consciousness that acts like a searchlight with which we see objects in our inner or outer spaces or through the medium of the senses (Kak, 2017).

Consciousness is the perceiving subject, not an object to be examined by modern science. Kak states:

> "ordinary science cannot reveal to us the nature of consciousness. It can only tell us of the laws of objects which are expressed in a language. With language we can only speak of objects."

This clearly shows the limitation of language or words in grasping or expressing the world. In Vedic tradition, *Śivasūtra* (शिवसूत्र) speaks to the mystery of consciousness that can allow the expression or grasping of phenomenal reality. Since *Śiva* is the basis of all that exists, it is the same mechanism of consciousness that is applicable to the non-living entities of the world as is to the living entities. The role of consciousness becomes limited as one moves from *annamaya kośa* to the *vijñānmaya kośa*, requiring a lot more words, for example, to explain the taste of mango to a western friend who has never tasted it, than to have the person taste it with no need of words or any explanation.

According to Kak:

> "...phenomenal knowledge can only be in terms of the associations of the outer world. But the associations in themselves need something to bind them together. The binding is the *mātṛkā* (मातृका), the womb of elementary sounds or phonemes associated with the resonances of the mind, which are components of the spoken language. It is the binding that makes it possible to understand words or symbols when they are strung together. Since the mind is able to comprehend the whole, that is the sentence or larger

expressions, the phonemes themselves cannot be used for comprehension. Since they lack the binding of the *mātṛkā*, computers cannot understand language.

Universal consciousness, as a unity that pervades everywhere, is *Śiva* or *Bhairava* (भैरव). *Śiva* makes it possible for the material associations of the physical world to have meaning. The domain of the union of *Śiva* and the phenomenal world is an astonishing mystery.

Although we cannot explain consciousness using science, we can intuitively grasp it. Our root consciousness— *Śiva, Prakāśa* (प्रकाश), *Cit* (चित्) — is what makes it possible to comprehend reality. It is the self-shining Light (*Prakāśa*) which creates the world and makes it understandable."

5.8 Concluding Remarks

Modern life is industrialized, comparatively more advanced or 'developed', urban and quite different from earlier times. However, importance of animal species for maintaining the ecosystem is not realized completely. In every society, animals carry a great social, economical, environmental and ecological weight. Unfortunately due to the rapid urbanization, there has been a consistent decline of insect population (*fig.* 5.7; for example, honeybee colonies in the US was 6 million in 1947, but 3.5 million have been lost since) caused by intensive farming and urbanization, pesticide use, climate change, synthetic fertilizers and pesticides, and pollution This has great impact on the global food chain, and it possibly could start the sixth mass extinction.

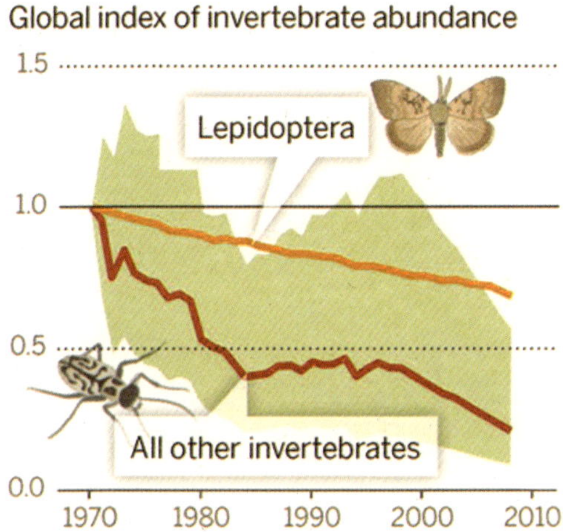

fig. 5.7: According to global monitoring data for 452 species, there has been a 45% decline in invertebrate populations over the past 40 years. (DIRZO, Science 2014). In another study, it is estimated that 40% of insect population has declining.

An alarming rate of decline has also been noticed in the population of the vertebrate species (*fig.* 5.8). Animals are important for our stability and well-being. We need to observe their behavior carefully to learn precisely their nature. Since they are closer to the nature, their natural experiences can be used not only for our benefit, but also use their potential for the benefit of the entire ecosystem.

Since animals readily connect with nature through their non-verbal and trans-object knowledge, they have a great sense of knowledge about nature, which communicates with them readily. This is visible in the behavior of migratory birds who travel thousands of miles, and in wild animals behavior

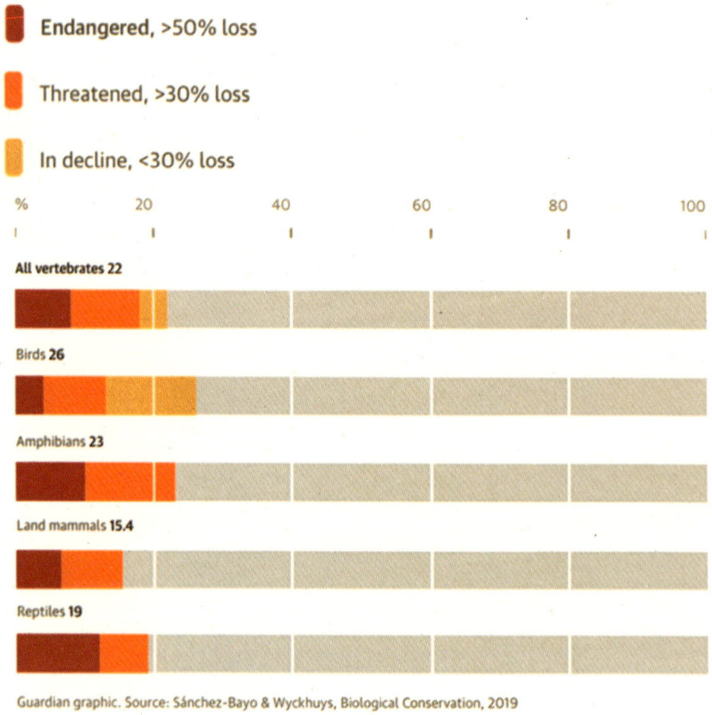

fig. 5.8: Decrease in vertebrate population.

before and during natural calamities. For example, during the 2004 Tsunami, nearly 150,000 people died in about a dozen countries, but nearly all animals survived (Mott, 2005). The tribal people of the Andaman and Nicobar also survived because they took the cues from animal behavior, and moved to the higher ground long before the Tsunami waves hit the shore (William, 2014).

A new, or perhaps renewed, holistic sense of science needs to be framed in which we consider nature as a whole from the beginning to the present in certain terms of origin, evolution, dependence, interdependence among species, and freedom. A new sense of scientific temperament with high degree of ecological forces need to be inculcated in the future generation. The importance of various living and non-living beings, and more importantly the importance of that understanding for one's thoughts and behavior could play a critical role in creating harmony in humans as well as on the entire planet.

One of the narratives in the scientific framework work could be the amount of time a given entity has been on Earth. We can easily see the soil, mountains, water, light, air, and unseen electromagnetic and gravitational aspects have been here in the universe much longer than humans, and even before viruses, plants, and animals, which precede humans. Humans cannot survive without even single of them. Thus, the relationship between animals and humans is that of an independent and dependent beings, respectively, giving far superior role to the animals for human survival. In many traditions throughout the world and throughout the history this has been acknowledged, and life traditionally goes around such a practice. Animals are closest to humans in existence and in daily living, which calls for deep understanding of animal biology, psychology, and ecology, all originating from the water element, and reflected in the taste *tanmātrā*. This will make sense for the *Samudra* (Ocean) to speak to *Rāma*, when latter was trying to go across the ocean to *Laṃka*.

Bibliography

Bates, M. (2012) Super Powers for the Blind and Deaf - The brain rewires itself to boost the remaining senses. Scientific American, Biology, September 18, 2012.

Chapman, C. A., and Huffman, Michael, A. (2018). Why do we want to think humans are different? Animal Sentience, 23, DOI: 10.51291/2377-7478.1358.

Crain, W. (2014) Emotional lives of animals and children – Insight from farm sanctuary, Turning Stone Press, San Francisco, USA.

Darlington, J. P. (1985) The structure of mature mounds of the termite Macrotermes michaelseni in Kenya. International Journal of Tropical Insect Science, 6, 149-156.

Engel, C. (2002) Wild health. Boston: Houghton Mifflin.

Finn, J. K., Tregenza, T., and Norman, M. D. (2009) Defensive tool use in a coconut-carrying octopus. Current Biology, 19, R1069-R1070.

Fujii, J. A., Ralls, K., and Tinker, M. T. (2014) Ecological drivers of variation in tool-use frequency across sea otter populations. Behavioral Ecology, 26, 519-526.

Goodall, J. (1964) Tool-using and aimed throwing in a community of free-living chimpanzees. Nature, 201, 1264.

Goodall, J. (1986) The chimpanzees of Gombe: Patterns of behaviour. London: Harvard University Press.

Hall, K., and Schaller, G. B. (1964) Tool-using behavior of the California sea otter. Journal of Mammalogy, 45, 287-298.

Hart, B. L., and Hart, L. A. (1994) Fly switching by Asian elephants: Tool use to control parasites. Animal Behaviour, 48, 35-45.

Haslam, M., Hernandez-Aguilar, R. A., Proffitt, T., Arroyo, A., Falótico, T., Fragaszy, D., Gumert, M., Harris, J. W., Huffman,

M. A., and Kalan, A. K. (2017) Primate archaeology evolves. Nature Ecology & Evolution, 1, 1431.

Hector, A. and Hooper,R. (002) Darwin and the first ecological experiment, Science 295, 639-640, 2002.

Huffman, M. A. (1997) Current evidence for self-medication in primates: A multidisciplinary perspective. Yearbook of Physical Anthropology, 40, 171-200.

Huffman, M. A. (2007) Primate self-medication. In Primates in perspective (C. J. Campbell, A. Fuentes, K. C. MacKinnon, M. Panger & S. K. Bearder, Eds.), pp. 677-690. Oxford: Oxford University Press.

Jabre, F. (2014) Searching For The Elephant's Genius Inside the Largest Brain on Land, Scientific American, February, 2014.

Korb, J. (2003) Thermoregulation and ventilation of termite mounds. Naturwissenschaften, 90, 212-219.

Korb, J. (2010) Termite mound architecture, from function to construction. Biology of termites: A modern synthesis, pp. 349-373. Springer.

Mott, Maryann (2005) "Did Animals Sense Tsunami Was Coming? Before the tsunami in Sri Lanka, coastal animals seemed to sense something was coming and fled to safety", *National Geographic*, January 4, 2005.

Nagano, A., and Aoyama, K. (2017) Tool-use by rats (Rattus norvegicus): Tool-choice based on tool features. Animal Cognition, 20, 199-213.

Orme-Johnson, R. F. (2010) A Unified Field Theory of Literature. In: Consciousness-Based Education: A Foundation for Teaching and Learning in the Academic Disciplines, Volume VI, Consciousness-Based Education and Literature (Fairchild,

T., Ed.) Maharishi University of Management Press, Fairfield, IA. pp. 19-96.

Pepperberg, I. M. (2004) "Insightful" string-pulling in Grey parrots (Psittacus erithacus) is affected by vocal competence. Animal Cognition, 7, 263-266.

S. Sharmon, S. and Baginsky, B. J. (2003) The Chakra Handbook, Motilal Banarsidas Publishers, New Delhi, 2003.

Singh, B. R. (2011) Scientifying the Science – The Art of Making Everything a Science. In: Science and Technology in Ancient India Texts (B. R. Singh, G. Jha, U. Singh, and D. Mishra, Editors), DKPW Publishers, New Delhi, India. pp. 1-10.

Singh, B. R. (2019) Expansion Of Science By Its Integration With Dharmic Concepts Of Origin Of Matter And Evolution. In: Science and Scientist 2019 – Understanding the Source and Nature of Consciousness and Life. Rutgers University, June 15-16, 2019.

Sinha, A. and Singh, B. R. (2018) Vedic Learning Pedagogy For Communication Through Transformational Documentaries, In: Vedic Traditions for Education and Learning, WAVES Conference 2018 (K. M. Naryayanan and S. Tiwari, editors), SCV, Inc. for World Association of Vedic Studies, Atlanta, GA, USA. Pp. 111-123.

Taylor, P. W. (1984) Are humans superior to plants and animals? Environmental Ethics, 6, 149-160.

6

श्रीयुक्ता नारी

अनुजा सिन्हा[1] *एवं बलराम सिंह*[2]

ओंकार के रूप में विद्यमान आद्या शक्ति नारी-स्वरूपा है। इसका वर्णन ऋग्वेद, यजुर्वेद, सामवेद, और अथर्ववेद में मिलता है। ब्रह्माण्ड के सञ्चालन के लिए आद्या ने तीन प्राकृतिक गुणों सत्त्व, रजस्, एवं तमस् को आधार बनाकर ब्रह्माण्ड के परिचालन हेतु प्रथम त्रिदेवों, तत्पश्चात् त्रिदेवियों को उत्पन्न किया। अतः इसमें कोई संशय नहीं कि नारी ही सृष्टि का आधार है। जन, लोक, मनुष्य, नर इत्यादि का उल्लेख वेदों में मिलता है। 'नरति इति नरः' अर्थात् 'नर' सर्वोपरि है। 'न रमते नरः' अर्थात् जो भोग में रमता नहीं वह नर है। 'न कर्म लिप्यते नरे', अर्थात् नर को कर्म का किसी प्रकार का विकार नहीं होता। नरश्रेणी मानवता की सर्वोच्च श्रेणी होती है। 'नारी' शब्द इसी नर से आता है। *नारी* अर्थात् *न अरि*, यह जिसके सम्बोधन में ही निहित है कि वह किसी की शत्रु नहीं। भारतीय संस्कृति और परम्परा में नारी को सृष्टि का परिचायक माना गया है। रचना या निर्माण करना उसके स्वभाव और कर्म हैं।

---

1 Director, TCN Media

2 Director, Botulinum Research Center & President, Institute of Advanced Sciences, Dartmouth, MA 02747, USA.

हमारी संस्कृति में नारियों को देवी का रूप माना गया है। समस्त ब्रह्माण्ड और सृष्टि में शक्ति, विद्या, समृद्धि, बुद्धि इत्यादि देवी-स्वरूप हैं। नवरात्रि में शक्ति के जिन नौ रूपों की उपासना होती है, उन्हीं में समस्त ब्रह्माण्ड निहित है। नारी इस संसार को ही नहीं, बल्कि पूरी मानवता को जन्म देती है। वह प्रथम गुरू होती है, क्योंकि वह सन्तान को गर्भ से ही जानती है। उसकी प्रकृति को समझते हुए उसे इस संसार का परिचय देती है। माता का गुरु के रूप में सबसे बड़ा योगदान सन्तान को पिता का परिचय देना होता है और पिता का योगदान गुरु का परिचय देना होता है। जबकि गुरु का कर्तव्य होता है कि वह ब्रह्म का परिचय करवाए। इसलिए कहा जाता है कि आचार्य से दस गुना बड़ा स्थान गुरु का, गुरु से सौ गुना बड़ा स्थान पिता का, और पिता से सहस्र गुना बड़ा स्थान माता का होता है। भारतीय सभ्यता, परिवार और समाज में नारी का, विशेषकर माताओं का बड़ा महत्वपूर्ण स्थान है। माता का यह गुण होता है कि वह जीवन-भर देती है। जीवन के किसी भी पक्ष को देख लें, नारी अपने मातृ-रूप में हर एक पक्ष का आधार है। संस्कार से लेकर पालन-पोषण और शिक्षा में सबसे महत्वपूर्ण योगदान माता का होता है।

यह सत्य है कि जिस समाज और देश में नारियों का सम्मान होता है, वही उन्नति करता है। परन्तु, यह भी उतना ही सही है कि नारियों को अपने व्यवहार और संस्कारों से वह स्थान पाने के योग्य बनना चाहिए। यदि परिवार में माताएँ बच्चों को सही शिक्षा और संस्कार दें, तो यही बच्चे आगे चलकर एक आदर्श समाज का निर्माण करेंगे। हमारे विचार से यदि नारियाँ सही भाव के साथ अपने धर्म का पालन करते हुये अपना कर्म करने पर ध्यान दें, तो हमारे समाज का स्वरूप ही कुछ और हो जाएगा। स्वर्ग कहीं और नहीं, यहीं है, बस हमें उसे बनाना है।

6.1 भारतीय सभ्यता में नारी का स्थान

वर्तमान समय में भारत उन गिनी-चुनी सभ्यताओं में से एक है, जो प्राचीन काल से आज तक जीवित है। भारत की संस्कृति में प्रत्येक व्यक्ति को ब्रह्म मानते हैं- 'अहं ब्रह्मास्मि'। यहाँ ईश्वर कहीं ऊपर नहीं बैठा है, बल्कि प्रत्येक प्राणी के अन्दर विद्यमान है। यहाँ तक कि हर कण में ईश्वर है, ऐसा माना जाता है। ऐसे में कोई बड़ा-छोटा या ऊँच-नीच नहीं होता। इसी प्रकार पुरुष और स्त्री में यहाँ कोई भेद नहीं है। भारतीय संस्कृति में कर्म की प्रधानता है। इसीलिए व्यक्ति को उसके कर्म के आधार पर देखा जाता है, ना कि वह स्त्री है, अथवा पुरुष। हमारी संस्कृति में अर्धनारीश्वर को माना जाता है। विज्ञान ने भी यह सिद्ध किया है कि हर व्यक्ति के अन्दर स्त्री एवं पुरुष के गुण विद्यमान हैं।

स्त्री और पुरुष एक-दूसरे के पूरक हैं। पुरुष और प्रकृति के सम्मिलन से ही सृष्टि उत्पन्न हुई है। तथापि जन्म देने के विशेष गुण के कारण नारी को सृष्टि का आधार माना गया है। भारतीय संस्कृति और परम्परा में नारी को शक्ति का प्रतीक मानते हैं। इसका अर्थ यह नहीं कि पुरुष को शक्तिविहीन माना जाता है। इसका अर्थ यह है कि हम सभी के अन्दर जो शक्ति है, वह नारी रूप का द्योतक है। भारत की संस्कृति में मानव-मात्र ही नहीं वरन् पशु-पक्षी, पेड़-पौधे भी ईश्वर का अंश हैं किन्तु नारियों को तो साक्षात् देवी ही माना जाता है। इसलिए शक्ति, सुख-समृद्धि, विद्या इत्यादि के लिए देवी के मातृ-स्वरूप की उपासना की जाती है।

> यत्र नार्यस्तु पूज्यन्ते रमन्ते तत्र देवताः।
> यत्रैतास्तु न पूज्यन्ते सर्वास्तत्राफलाः क्रियाः॥[3]

---

3 मनुस्मृति 3.56

fig. 6.1: ग्रामीण भारत में नारी ही घर के सारे काम करने वाली नारायणी है।

इसका तात्पर्य यह है कि जहाँ नारी का सम्मान होता है, वहाँ देवताओं का वास होता है और जहाँ उनकी पूजा नहीं होती वहाँ सारी क्रियाएँ निष्फल हो जाती हैं। परन्तु इसका अर्थ यह नहीं है कि नारी मात्र होने से ही वह सम्मान पाने की अधिकारिणी हो जाती है। बल्कि, इसका मतलब यह है कि जब नारियाँ अपने कर्त्तव्य और धर्म का पालन करते हुये कर्म करती हैं, तो उनका स्थान इतना ऊँचा हो जाता है कि उनका सम्मान होना सुनिश्चित है और ऐसी नारियाँ जहाँ होंगी, वहाँ देवता स्वयं वास करेंगे। अतः माताओं को अपने कर्त्तव्यों का धर्मपूर्वक निर्वहन करना होगा। एक सुशिक्षित, सुसंस्कृत माता ही सुगठित परिवार और समाज का निर्माण कर सकती है। हर युग में ऐसी ही अद्भुत माताओं ने अपने अभूतपूर्व योगदान से समाज की धारा बदली है। भारत का इतिहास उनके संस्कार, मर्यादा, साहस और शक्ति का साक्षी रहा है। भारत में नारी के इसी मातृ-स्वरूप का अत्यन्त सम्मान है।

भारत की सनातनी संस्कृति के अतिरिक्त विश्व की किसी भी संस्कृति या धर्म में स्त्री को इतना उच्च स्थान नहीं दिया गया है। इस्लाम में नारी को पुरुष के अधीन मानते हुए कहा गया है कि स्त्री का फर्ज और काम पुरुष की सेवा करना है। हर प्रकार से समाज में उसके अधिकार पुरुषों की तुलना में न के बराबर है। ईसाईयत को मानने वाले यह कहते हैं कि नारी का जन्म पुरुष के बाद हुआ है। Genesis की पुस्तक में यह वर्णित है कि God ने पहले आदमी को बनाया और बाद में यह देखकर कि वह अकेले क्या करेगा उन्होंने पुरुष की सेवा और उसका मनोरञ्जन करने के लिए स्त्री को उत्पन्न किया। इसमें भी रुचिकर बात यह है कि उनके अनुसार स्त्री की उत्पत्ति पुरुष से हुई।

नारी के लिए आम भाषा में कई तरह के शब्दों का प्रयोग किया जाता है- स्त्री, नार, महिला, औरत, woman, female इत्यादि। परन्तु यदि

हम इन शब्दों के अर्थ पर ध्यान दें, तो सन्दर्भ समझ में आयेगा। 'स्त्री' शब्द प्रकृति को दर्शाता है। स्त्री त्रिगुणों - सत्त्व, रजस्, तमस् - से युक्त होती है। 'नारी' स्त्री के दैवीय गुणों का सूचक है। 'महिला' शब्द में *मही* का अर्थ पृथ्वी और *ल* का अर्थ अवस्था है, अर्थात् जिसमें पृथ्वी के समान धैर्य और सहनशीलता हो वह महिला है। इसलिए अपने मर्यादित व्यवहार से समाज में जब कोई स्त्री सशक्त एवं सम्मानजनक स्थान प्राप्त करती है तो महिला कहलाने की अधिकारी होती है। वहीं 'औरत' शब्द फारसी के owrat या अरबी के awra से बना है। इन शब्दों का अर्थ जननाङ्ग, गन्दगी, नग्नता इत्यादि होता है। इनके अर्थ से ही स्पष्ट होता है कि उस समाज में नारियों के लिए किस प्रकार के विचार हैं। अंग्रेजी शब्द woman 'wifman' से बना है जिसका शाब्दिक अर्थ wife of a man (आदमी की पत्नी) होता है। इसके अन्य अर्थ भी हैं, जैसे female servant, house-maid, इत्यादि जो नारी के पराधीन अथवा उसके दोयम दर्जे के सूचक प्रतीत होते हैं। किसी भी भाषा में शब्दों का प्रयोग सोच-विचारकर करना चाहिए। हमारे विचार से 'औरत', 'woman' आदि शब्द किसी स्त्री की गरिमा के विरुद्ध हैं विशेषकर अविवाहित महिलाओं के लिए। कई बार विभिन्न connectors को भी male अथवा female कहते हैं, जैसे plug और socket, जो कि लिङ्ग के बोधक हैं। इसलिए किसी पुरुष अथवा महिला को नर एवं मादा बोलना उपयुक्त नहीं।

हमारी सभ्यता में नारी के प्रत्येक रूप, चाहे वह माता हो, पुत्री हो, बहन, अथवा पत्नी, सभी को सम्मान और प्रेम के भाव से देखने की परम्परा रही है। उनकी सुरक्षा को परिवार और समाज ने सदा ही प्राथमिकता दी है। परिवार में पिता और सारे पुरुषों से अधिक महत्त्व माताओं का होता था। समाज में कोई पर्दा प्रथा नहीं थी। महिलाएँ शिक्षा भी ग्रहण करती थीं। पूर्ववैदिक

एवं उत्तरवैदिक काल की गार्गी, मैत्रेयी, लोपामुद्रा, अपाला, सुलभा, घोषा, आदि अनगिनत ऐसे विदुषियाँ हैं जिन्होंने ज्ञान के मामले में पुरुषों को भी पीछे छोड़ दिया था। गार्गी, राजा जनक के दरबार के नवरत्नों में से एक थीं।

जब भारत में विदेशी आक्रान्ताओं का आना प्रारम्भ हो गया, तब से यहाँ महिलाओं की शिक्षा, समाज में उनकी स्थिति पर प्रभाव पड़ने लगा। सुरक्षा की दृष्टि से उनके घर से बाहर निकलने पर पाबन्दी लगी। धीरे-धीरे बाल-विवाह, सती-प्रथा, पर्दा-प्रथा आदि का प्रचलन बढ़ता गया। लेकिन पुरुषों ने सदा ही नारियों का साथ दिया है, चाहे वह पिता के रूप में हो, भाई के, पुत्र या पति के रूप में। ऐसे ही सत्पुरुषों और महिलाओं के प्रयासों से बाद में नारियों की स्थिति में सुधार हुआ। यह बड़े ही गर्व का विषय है कि वर्तमान में ऐसा कोई क्षेत्र नहीं है, जहाँ महिलाओं की भागीदारी न हों। परिवार, समाज, देश और विश्व के विकास और उन्नति में महिलाओं की सशक्त भागीदारी और योगदान है। वे विश्व की अर्थव्यवस्था का महत्वपूर्ण आधार हैं।

प्राचीनकाल से ही हमारे देश की सभ्यता, संस्कृति और समाज में विवाहिता अथवा अविवाहिता नारियों को सम्मान की दृष्टि से देखा जाता है। भले ही, समय-समय पर इसमें विसङ्गतियाँ देखने को मिलती हैं। कुछ क्षेत्रों में अविवाहिता बालिकाओं को भी घर में लोग माँ, अम्मा, देवी इत्यादि सम्बोधन से पुकारते हैं। इसी प्रकार विवाहिता स्त्री के नाम के आगे 'श्रीमती' शब्द का प्रयोग किया जाता है। 'श्री' पूरे ब्रह्माण्ड की प्राणशक्ति है। ईश्वर जिसने सम्पूर्ण सृष्टि की रचना की है, वह 'श्री' से युक्त है। वेद में परमात्मा के लिए अनन्तश्री कहा गया है। जितने भी प्रकार के कार्य होते हैं सबमें 'श्री' निहित है। इसीलिए जब पुरुष अपने पुरुषार्थ से कोई कार्य कर मान या सम्मान पाने का अधिकारी होता है, तो उसे 'श्री' अथवा श्रीमान् कहा

जाता है। जबकि स्त्री जन्मजात 'श्रीयुक्ता' (अर्थात् जिसकी मति या बुद्धि श्रीयुक्त हो) है। इसलिए विवाह के पहले उसे 'सुश्री' और विवाह के उपरान्त 'श्रीमती' कहकर सम्बोधित किया जाता है।

6.2 तटस्थ भाव से समझ विकसित करने की आवश्यकता

'नृपस्य चित्तं कृपणस्य वित्तं मनोरथः दुर्जनमानवानाम्।
स्त्र्याः चरित्रं पुरुषस्य भाग्यं दैवो न जानाति कुतो मनुष्यः॥'

इस श्लोक का अर्थ है कि शासक की मानसिकता, कृपण व्यक्ति की सम्पत्ति, दुष्ट व्यक्तियों की इच्छाएँ, स्त्री का व्यवहार, और व्यक्ति का भाग्य विधाता भी नहीं जानते, तो मनुष्य कैसे जान सकता है।

नारी को समझने से यहाँ गूढ़ तात्पर्य है कि एक व्यक्ति को समझा जाये। महिला, स्त्री अथवा नारी होने का क्या अर्थ है, इसको समझने के लिए उसके गुण, प्रकृति, अस्तित्व का प्रयोजन, और प्रकृति एवं सृष्टि में उसकी भूमिका को समझना होगा। सबसे महत्वपूर्ण बात यह है कि नारी को सर्वप्रथम स्वयं को जानना होगा, तभी संसार को जानने की सम्भावना है।

नारी की बात करें तो उनका दायाँ मस्तिष्क-प्रधान होता है, जबकि पुरुषों का आमतौर पर बायाँ मस्तिष्क प्रधान होता है। दायाँ मस्तिष्क कला, साहित्य, संगीत आदि जैसे सहज कार्य करता है, जबकि बायाँ मस्तिष्क अधिक विश्लेषणात्मक होता है और गणित, भाषा, प्रौद्योगिकी आदि का सञ्चालन करता है। माना जाता है कि दायाँ मस्तिष्क इसके समानान्तर प्रसंस्करण के कारण तेजी से सञ्चालित होता है, और पुरुषों की तुलना में महिलाओं को सहज ज्ञानयुक्त शक्ति प्रदान करता है।

Australian Broadcasting News में प्रकाशित एक खबर

(फरवरी 28, 2014) के अनुसार वैज्ञानिकों ने पाया कि महिलाओं का मस्तिष्क अधिक लचीला होता है जिसके कारण–

> 'महिलाएँ ऑटिज्म जैसे मस्तिष्क-विकारों के बिना उच्च स्तर के आनुवांशिक दोषों को वहन करने में सक्षम हैं, जो 'महिला सुरक्षात्मक प्रभाव' की सम्भावना का समर्थन करती हैं।'

The American Journal of Human Genetics में प्रकाशित अध्ययन के अनुसार पुरुषों में आमतौर पर बौद्धिक अक्षमता महिलाओं की तुलना में पचास प्रतिशत अधिक होती है, और लड़कों में ऑटिज्म भी लड़कियों की तुलना में चार गुना अधिक होती है।

तन्त्रिका विज्ञान-सम्बन्धी अध्ययन के विश्लेषण से पता चला है कि स्त्री एक ही समय में माँ, बहन, बेटी और विवाहिता की भूमिका में त्रिगुणात्मक शक्तियों - सत्त्व, रजस् और तमस् – से युक्त रहती हैं। इसी कारण वे अनेक कार्यों को समवर्ती रूप से करने में सक्षम हैं अर्थात् मल्टीटास्किंग (बहु-कार्य) महिलाओं की दूसरी प्रकृति है। मिनियापोलिस वीए मेडिकल सेंटर में ब्रेन साइंस सेंटर के निदेशक डॉ॰ अपोस्टोलोस जॉर्जोपोलोस के हवाले से सीबीसी न्यूज (03 मार्च, 2016) में प्रकाशित एक हालिया रिपोर्ट के अनुसार-

> 'हमने जो पाया है, वह यह है कि महिलाएँ, कई अलग-अलग कार्यों में, प्रक्रिया की जानकारी के बारे में पुरुषों की तुलना में पाँच गुना तेज, और समान संज्ञानात्मक प्रदर्शन करने के लिए अपने मस्तिष्क का बहुत कम उपयोग करती हैं।'

महिलाएँ अपनी सहज और बोधगम्य शक्ति के साथ जो हासिल कर सकती हैं या समझ सकती हैं, पुरुषों को वही सीखने, अनुभव करने के लिए कड़ी

मेहनत करने की आवश्यकता होती है। भारत में रानियाँ हमेशा राजाओं के साथ बैठकर राज्य का प्रबन्धन करती थीं। कभी-कभी राजाओं की अनुपस्थिति में अपने राज्यों पर शासन करती थीं, और युद्ध के मैदानों में भी अच्छा प्रदर्शन करती थीं। लेकिन अपोस्टोलोस ने यह भी कहा कि-

> 'महिलाएँ अपने मस्तिष्क के कुछ हिस्सों का अधिक कुशलता से उपयोग करती हैं, लेकिन अगर वह भाग चोटग्रस्त हो जाये, तो वे बड़ी मुसीबत में पड़ जाती हैं, उनके मुकाबले पुरुषों के दिमाग-क्षति की भरपाई बेहतर ढंग से हो सकती है। – CBC News

इससे यह समझा जा सकता है कि पुरुष शारीरिक झगड़े का जोखिम क्यों उठा सकते हैं, और यह भी कि क्यों दुर्गा को असुरों (राक्षसों) के साथ लड़ाई में उपयोग के लिए देवताओं द्वारा हथियार प्रदान किए गए थे।

भारत और पश्चिमी देशों में एक मुख्य अन्तर यह है कि वहाँ समानता की बात होती है, जबकि हमारे देश में हर व्यक्ति अपने में विशेष है और किसी से किसी की तुलना नहीं हो सकती। हर किसी की परिस्थितियाँ और आवश्यकताएँ अलग हैं तो समान व्यवहार कैसे कर सकते हैं? यह खेद का विषय है कि नारी को जो उच्च स्थान हमारे देश में आदिकाल से प्राप्त है, उसे पाने की बजाय पश्चिमी देशों की नकल के कारण भारत में भी महिलाएँ पुरुषों से बराबरी की बात करती हैं। जबकि सत्य यह है कि महिलाएँ पुरुषों से श्रेष्ठ हैं। ऐसा करके वे अपने आप को नीचे कर रही हैं।

नारी मात्र एक शरीर नहीं, बल्कि एक भाव है, संवेदना है, सृष्टि का आधार है। अपने गुणों, प्रकृति, स्वभाव, और व्यक्तित्व के अनुसार कार्य करने से ही स्वयं को समझा जा सकता है। अपने कर्म के पथ पर समर्पण के भाव से अग्रसर हों, तभी स्वयं का ज्ञान होता है। जब हम स्वयं को जान

लेते हैं, तब संसार भी समझ जाता है। अपने भीतर जितनी गहराई में हम उतरते हैं, ज्ञान का प्रकाश उतना ही उज्ज्वल होता जाता है। तब संसार में हमारे होने का उद्देश्य स्पष्ट हो जाता है।

कर्म व जन्म के एक मत के अनुसार हर प्राणी की अपनी यात्रा होती है, और इस यात्रा में उसके संतान को जन्म देने वाली जननी ही उसके साथ होती है। मनुष्य की सन्तान अथवा सन्तानें एक ऐसे पिता की खोज करती हैं, जो उनके कर्म मूल्य से प्राप्त हो सके। जबकि पिता का स्वयं का कर्म मूल्य सन्तान/सन्तानों के कर्म मूल्य से अनुप्रेरित होता है। इसी भाव से उनके एक-दूसरे के प्रति कर्तव्यों का निर्धारण हो जाता है। पिता व सन्तानों की समग्रता से प्राप्त कर्म मूल्य माता की खोज करते हैं, अर्थात् माता स्वतः अधिक मूल्यवान होती है। यह मूल्य केवल संख्या से नहीं, बल्कि गुण से निर्धारित होता है, जिसका अर्थ होता है कि यह सब एक दूसरे के पूरक होते हैं। इस प्रकार नारी बहुमूल्य तथा बहुआयामी होती है।

अतः नारी जाति पर टिप्पणी या उसे परिभाषित करने से पूर्व संत तुलसीदास की 'ढोल गँवार शूद्र पशु नारी, ये सब ताड़न के अधिकारी' वाली चौपाई का गहन अध्ययन एवं चिन्तन अनुशंसित है। इति॥

शब्दसूची

About the Authors

Bal Ram Singh

Prof. Bal Ram Singh, PhD, has been a professor since 1990 at UMass Dartmouth (until 2014) and Institute of Advanced Sciences (current), conducting research on botulinum and tetanus neurotoxins, vaccines, antidotes, drug delivery, and also on yoga, mind, and consciousness, along with Ayurvedic biotechnology. He has published 15 books and over 350 articles, 10 patents latest books being *A Different Take – NRI View of India in the Tradition of Ram, Krishn, and Gandhi* (MLBD, 2020), *Practical Techniques in Molecular Biotechnology* (Cambridge, 2021), and *Madhushala*, (DKPW, 2022).

Prof. Singh is Editor/Associate Editor of four journals, including Biochemical and Biophysical Research Reports, *Ayurveda Journal of Health* and *International Journal of Indian Culture and Business Management*, the Editor-in-Chief of Vedic WAVES, an online blog of the World Association of Vedic Studies, and General Editor of *Ayurveda - Health Happiness and Harmony* Book Series, Motilal Banarasidas.

He is the President of the Institute of Advanced Sciences (INADS), and Director of the Botulinum Research Center (BRC).

He is the Founding Director of the Center for Indic Studies at UMass Dartmouth, the first ever Indic Studies program in the world. There he introduced a 'Science of Kriyayoga' course as a university science course for the first time in the world.

Reena Sahay

Prof. Reena Sahay is a retired Professor of Music from Pataliputra University, Patna. She did her post-graduation from Banaras Hindu University and she did her research from Magadha University, Bodh Gaya. For the last 40 years, she has been continuously associated with the study of Indian classical music. Her research is on the book '*Ragatarangini*' composed by Pandit Lochan, a musician from Mithila. She has participated as an orator in many seminars/ workshops in the country and abroad.

Her articles have been published in reputed journals discussing topics like history, development, their place in the present context of classical music. Prof. Sahay has done research work on both practical and theoretical aspects of Indian music. Music and Yoga, Music and Psychology, Mental and Physical Healing by Music, Vedic Music, Music and Literature; are her main areas of study and research.

Her programs/talks are broadcast on Radio and Doordarshan. Even after retirement, she continue to participate in many educational works. As a research subject specialist in Music, she is invited to various universities and institutions. At present, she is interested and trying to compose a musical composition of the couplets and *chaupai*s of *Shri Ramcharitmanas*.

Umesh Kumar Singh

Dr. Umesh Kumar Singh is an Assistant Professor in the School of Indic Studies and Director of INADS Press at the Institute of Advanced Sciences, Dartmouth, Massachusetts, USA. He has been actively engaged in the field of Sanskrit research since 2003. He is a linguist and has worked on several projects related to Sanskrit-Hindi Machine Translation (SHMT). Dr. Singh's expertise includes the Sanskrit-Hindi translation of Vedic Literature, Ayurveda, Scientific Sanskrit Literature, and Computational Sanskrit.

Dr. Singh has published three books in the field of Vedic Studies and Scientific Sanskrit Literature. He created the databases for the searching and indexing system of the four Vedas, which are live on the website of the School of Sanskrit and Indic Studies, Jawaharlal Nehru University, New Delhi.

Dr. Singh is one of the co-editors of *Śāṁkhāyana Saṁhitā* of the Rigveda, a milestone work in the field of Vedic Studies. He also serves as the Assistant Editor of the *Ayurveda Journal of Health*, published by the Center for Indic Studies, University of Massachusetts, Dartmouth, USA. Furthermore, he is the Editor of *Pratnakīrti*, an online half-yearly peer-reviewed journal published by the Pratnakīrti Oriental Research Institute, Vārāṇasī, U.P., India.

Aparna Dhir Khandelwal

Dr. Aparna Dhir Khandelwal is an Assistant Professor, School of Indic Studies, Institute of Advanced Sciences, Dartmouth, MA, USA. She is an alumnus of University of Delhi. She holds Ph.D. in Sanskrit with research interests in Vedas and Indology. She authored a book "*Yajurvediya Brahmano men Jyotish ke Tattva*" and co-edited a felicitation volume "*Veda-Vidyā-Śrīḥ*" - Gems of Vedic Wisdom' along with about 37 published research papers, over

28 published articles / blogs in journals and magazines are to her credit and 3 poems in online blogs.

She gave 22 invited talks at various platforms majorly includes Nada Veda Adhyana Kendra, Bengaluru, Karnataka and Sattology (an online US-based YouTube Channel) and 29 International along with 42 National presentations in various conferences and seminars. She is associated as Guest Faculty in Bhishma School of Indic Studies, Pune, Maharashtra.

She is associated with Wider Association for Vedic Studies (WAVES-India) for more than fifteen years and currently serving as Honorary Secretary (Admin.) that keeps her involve in organising National-International conferences, seminars, discussions etc. Also, she is serving as Board of Directors in World Association for Vedic Studies, USA from 2022 onwards. She is engaged as executive editor for Vedic Waves Blog and WAVES YouTube channel both are running successfully with over 2, 88,000 hits and 2 K subscribers respectively.

Raj Kumar

Dr. Raj Kumar is a Biochemist who is interested in solving problems related to protein folding, cellular biology, evolutionary mechanism and exploring medicinal applications of macromolecules, such as development of therapeutic biomolecules or delivery technologies of therapeutic biomolecules. He is currently an Associate Professor at the Institute of Advanced Sciences. He completed his Ph.D. in the field related to Botulinum Neurotoxin, BoNT. He already published several manuscripts in reputed scientific journals and co-authored a few books (For Springer Brief, New York, and Cambridge University Press). Selected in NIH (National Institute of Health, USA)-ECR program and part of the NIH select committee.

He is actively involved in the research area related to protein folding and dynamics, cellular biology, oncology, neuro-biochemistry, molecular dynamics simulations, and involve in some advanced research technologies related to mentioned fields. He also published several research articles and presented his research paper on scientific research and Indic studies related to creation process in several international symposiums. Apart from his research and academic pursuits, he is also an esteemed journal reviewer for various reputed publications. He has been selected in the the editorial board of very reputed international journal "Frontiers of Molecular Bioscience".

Anuja Sinha

Anuja Sinha stands as a beacon in the world of media and culture. Currently serving as the Director of Media Affairs for the Maryada Foundation in the USA, she also holds pivotal roles as the Director of TCN Productions and takes

the dual mantle of both Anchor and Director at TCN Media. For a decade, Anuja graced the screens of both Doordarshan and various private news channels, showcasing her journalistic acumen. Her deep understanding of the media realm stems from her academic foundation: she holds a Master's degree in Mass Communication from the esteemed Makhanlal Chaturvedi National University of Journalism and Communication, located in Bhopal.

Beyond her professional pursuits in media, Anuja is trained in the classical Indian dance form of Bharatanatyam, she moves with an elegance that showcases the deep roots of her cultural heritage. Further highlighting her multifaceted talents, she also possesses a degree in Fashion Design.

Her voice and presence are no stranger to the national stage, having been an anchor for the Indian government's national channel, "Rajya Sabha". Recently, she wrapped up her insightful talk series, at TCN Media "*India 75 @75*", which offered audiences a collection of more than 75 weekly discussions with esteemed scholars from various corners of the globe. At this juncture, Anuja is spearheading another engaging series, delving into the rich tapestry of the "*Geeta: Past, Present, and Future*".

Sampada Tewari (The Artist)

Sampada Tewari is a 13 year old artist, currently in high school freshmen year from India. Learning and creating art since the age of 3, she has the skills to work in various mediums of visual arts. She is also an enthusiastic Instagram artist.

She was also an intern under YLAC, where she had worked with students all over the world to be a changemaker with the medium of visual arts. She is also a co-founder of an organization, gen-entangle, that promotes spreading gender spectrum awareness among the people through creative mediums of art and visual storytelling. She has also worked in art programs under Academy of Art university and have exhibited her work in California with several organizations.

Sampada Tewari prepared all the sketches that have been meaningfully included in various chapters of this book.